U0513639

·儒 学 学 科 丛 书·

舒大刚 朱汉民 主编

论语研读

肖永明 陈峰 著

上海古籍出版社

图书在版编目(CIP)数据

论语研读 / 肖永明, 陈峰著. -- 上海 : 上海古籍出版社, 2025. 6. -- (儒学学科丛书). -- ISBN 978-7-5732-1662-5

Ⅰ. B222. 25

中国国家版本馆 CIP 数据核字第 2025LB0180 号

儒学学科丛书

论语研读

肖永明　陈　峰　著

上海古籍出版社出版发行

(上海市闵行区号景路 159 弄 1-5 号 A 座 5F　邮政编码 201101)

(1) 网址: www.guji.com.cn

(2) E-mail: guji1@guji.com.cn

(3) 易文网网址: www.ewen.co

商务印书馆上海印刷有限公司印刷

开本 700×1000　1/16　印张 9　插页 29　字数 178,000

2025 年 6 月第 1 版　2025 年 6 月第 1 次印刷

ISBN 978-7-5732-1662-5

B · 1468　定价: 58.00 元

如有质量问题,请与承印公司联系

湖南省社科重大学术和文化研究专项
“岳麓书院与湖湘优秀传统文化专题研究”（21ZDAZ01）

国际儒学联合会委托项目“中国儒学试用教材”成果

国家社会科学基金重点项目
“巴蜀易学文献通考与研究”（23AZX007）阶段成果

四川省哲学社会科学基金重大专项
“巴蜀学案编撰与蜀学流派研究”（SCJJ24ZD88）阶段成果

编委会名单

出 版 说 明

儒学(或经学)作为主流学术在中国流行了2 000余年,形成了系统的经典组合、历史传承、学术话语等体系,积累了丰富的学术思想、制度设施和教育成果,我们今天所说的“中华优秀传统文化”,儒学无疑是其主体内容。

从《尚书》“敷五教”,《周礼》“乡三物”,到孔子“文、行、忠、信”四教,以及他所培养的“德行”“政事”“言语”“文学”四科人才,儒学都以特色鲜明的学科体系、学术体系和话语体系,作育人才,淑世济人。可是,自从民国初年废除“经学”科以后,儒学学科便被肢解分散,甚至被贬低抛弃,儒学研究和人才培养顿时体系不再,学科不存,绕树三匝无枝可依。这极不利于民族文化自觉和当代学术振兴。

为寻回中华民族久违了的教育轨迹、古圣先贤的学术道路,重构当代中国特色、中国风格的学科体系,四川大学国际儒学研究院于2016年接受国际儒学联合会的委托,从事“中国儒学试用教材”编撰和儒学学科建设研究。嗣后邀请到北京大学(干春松)、清华大学(廖名春)、北京师范大学(李景林)、中国孔子基金会(王钧林)、山东大学(颜炳罡)、山东师范大学(程奇立)、中国孔子研究院(杨朝明)、湖南大学(朱汉民、肖永明)、西南政法大学(俞荣根)、陕西师范大学(刘学智)、四川师范大学(蔡方鹿)、四川大学(舒大刚、杨世文、彭华),以及韩国首尔大学(郭沂)等校专家,参加讨论并分工撰写,由舒大刚、朱汉民总其成。数年以来,逐渐形成“儒学通论”“经典研读”“专题研究”等三个系列,差可满足人们了解儒学,学习经典,深入研究的需要。现以收稿早晚为序,分批逐渐出版,以飨读者。其有未备,识者教焉。

四川大学国际儒学研究院

湖南大学岳麓书院国学研究院

2019年12月

目　录

《论语》导读

《论语》集注

影印同治五年初刻本《论语正义》卷一

凡　例

一、本书是《论语》的研读，包括“《论语》导读”“《论语》集注”“正义影印”三个部分。

二、“《论语》导读”首先就《论语》的命名、编纂、流传三个基本问题进行了梳理，着重呈现古今学者的不同见解。其次，以《论语》中的历史世界为线索，对《论语》中孔子、孔门弟子的事迹与形象予以介绍。再次，就《论语》中的精神世界进行概述，对《论语》“仁”“礼”等核心概念的内涵与外延予以疏解。最后还介绍了读书之法与文本书目。其中文本书目部分，选介了从汉魏到现当代的八种《论语》注释，并就这些著述的作者生平、思想要旨、历史影响等问题做了介绍。

三、“《论语》集注”选用宋儒朱熹《论语集注》。《论语集注》是朱熹用力最深的著述之一，也是《论语》学史上贯通汉宋、兼采百家、承上启下的集大成之作。自元代延祐年间以来，《论语集注》或单独行世，或附于《四书章句集注》，屡经传刻，版本颇多。就《四书章句集注》的存世版本而言，为学界推重的主要有以下四种：一是宋嘉定十年（1217）当涂郡斋初刻本，递修于淳祐十二年（1252），原为铁琴铜剑楼旧物，今藏国家图书馆；二是上海图书馆所藏元刻本，明代名儒魏校批校；三是清康熙年间内府仿刻宋淳祐二年（1242）大字本；四是清嘉庆十六年（1811）吴英、吴志忠校刻本，吴氏父子力求还原朱熹原本之旧，以多种古本与宋元人著述相互比勘对校，后出转精，世称善本，故本书中《论语集注》的点校以此为底本。为行文简便，本书在校勘文本时将上述四版分别省称为宋本、元本、清内府本、吴本。以吴本为底本，与其他三种进行对校，避讳字、明显讹误字径改，其他文字传写异同则附录于注释，以供读者参考。

四、“正义影印”选取清同治五年（1866）清儒刘宝楠《论语正义》初刻本部分篇章。刘宝楠《论语正义》考证繁富，辨析精详，在晚清以降的经学史上地位崇隆。

《论语》导读

儒学作为中国传统文化的核心内容，既是中华民族精神家园的重要组成部分，也是历代先哲先贤、仁人志士立身行事的圭臬，更在两千多年的历史中成为社会的主流意识形态。《论语》作为记载孔子以及弟子、时人言行的最原始文献，在传统中国社会一直保持着至高至上的地位，在社会各层面发挥着无与伦比的影响力。尽管千百年来政权更迭、社会转型，但《论语》中所展现出的孔子对学问真理的探求、对道德伦理的塑造、对现实政治的关切始终未变。在《论语》等儒家经典的感召下，历代儒者追求"内圣外王""修己安人""穷则独善其身，达则兼济天下"等理想，著书讲学，修身养德，创立事功，成就了一部光辉灿烂的中国文明史。

作为记载孔子及其弟子、时人言行思想的著作，《论语》在中华文明发展史上拥有重要的地位与广泛的影响，受到传统社会知识分子与社会各阶层的尊崇。即便是在西风东渐的时代里，梁启超、钱穆等一大批国学大师仍将《论语》作为中国人必读之书，倡导《论语》思想价值的现代意义。《论语》在中华文明史上的定位、作用、影响，我们可以概括为：指导治国理政的宝典、规范修身养性的名著、引领读书治学的圣经。传说宋代名臣赵普认为"半部《论语》治天下"，汉代以来的帝王、臣僚、官佐不断从《论语》中汲取治国理政的思想精华。《论语》概括回应了个人修养、我者与他者、自身与家国的关系等重要问题，规范着历代儒者的道德修养，指导着他们经世济民的践履。同时，《论语》是"五经之管辖，六艺之喉衿"，成为理解五经以及中华优秀传统文化宝库的关键所在。在继承与发扬中华优秀传统文化的今天，《论语》仍然是国人不可绕过的重要经典。

一、《论语》之命名、编纂及流传

正因为《论语》的价值如此之大，从古至今《论语》的研究一直是学人所关切的重点问题。同时,历代学者对于《论语》的认识存在巨大的差别。周予同先生在注皮锡瑞《经学历史·序》中曾经说到:中国古代有三个重要的学派——今文经学、古文经学和宋学。其中今文经学的学者认为孔子是一个政治家,因此《论语》也是一本讲治国之道的政治书;古文经学的学者认为孔子是一个历史学家,《论语》就是记录孔子言行的历史书;而宋学的学者认为孔子是一位哲学家,《论语》相当于一本记录孔子哲学思想的哲学书。那么《论语》到底是政治书、历史书还是哲学书呢?

想要回答这个问题,首先必须知道《论语》是怎样被编纂出来的,然后又是如何在流传中改变面貌的。先秦两汉时期是儒家诞生、经历百家争鸣时代之后在汉代取得独尊地位的时期,在这一背景下,《论语》也经历了成书定名、辗转流传,然后出现《齐论语》《鲁论语》和《古论语》的版本差异,再然后出现张禹、包咸、周氏、马融、郑玄等各家注解的过程。作为关于《论语》一切研究问题的滥觞,这一时期《论语》的编纂和流传情况显得格外重要。

首先要讨论的问题是《论语》的编纂成书过程,《论语》是何时成书的?编纂者有哪些?从汉代至今,对于这两个问题的争论,大致有三种观点:

第一种观点是西汉时期著名经学家和文献学家刘向提出来的,刘向在汉代负责校订皇家图书馆的书籍,他在校勘比对《论语》等书时认为:"《鲁论语》二十篇,皆孔子弟子记诸善言也。"也就是说,刘向认为《论语》一书相当于孔子学生们的听课笔记。刘向的说法有着相当的说服力,汉代离孔子生活的时期较近,刘向作为皇家图书馆书籍的校订者,他能见到的古籍材料非常丰富,而刘向本人的学风也非常严谨,他在《论语》中确实发现了一些孔子弟子直接记录的痕迹,比如说《论语·宪问》中就有"宪问耻"一句,"宪"指孔子弟子原宪,这里不称姓而只称名,和《论语》中其他的记载不同,极有可能此章是原宪自己记录的原因,后世学者研究中如胡寅《论语详解》和赵顺孙《四书纂疏》也支持这一例证。后来班固的《汉书·艺文志》、刘勰的《文心雕龙》、陆德明的《经典释文》还有唐朝官方编修的《隋书·经籍志》都沿用了刘向的说法,使其广为流传。如果按照刘向所说,《论语》是孔子弟子听课笔记的说法,那么《论语》的成书时间大概就在孔子去世后不久,陆德明就说:"夫子既终,微言已绝,弟子恐离居已后各生异见,而圣言永灭,故相与论撰,因辑时贤及古明王之语,合成一法,谓之《论语》。"换言之,孔子去世后,弟子们担心各自分散会导致记录的孔子言论产生较大差异,因此马上集合在一起开始编纂。有现代学者就此大致推断《论语》的成书时间应该就在公元前479年至前476年间。

第二种说法是由南北朝时期的经学家皇侃首先提出来的,他说:“《论语》者,是孔子没后,七十弟子之门徒共所撰录也。”也就是说,皇侃认为《论语》应该是孔子的再传弟子编写的。第一种说法虽然有说服力且流传甚广,但是有一个非常重大的漏洞:孔子弟子中较年轻的曾子去世大约是在公元前436年,但是《论语》中却记录了前436年以后的事情,例如《泰伯》篇中“曾子有疾,孟敬子问之”一节,很明显写成于曾子死后。因此,唐代柳宗元在《论语辩》中就表达了对皇侃说法的支持,柳宗元认为《论语》的编纂者范围还可以缩小到曾子的弟子,柳宗元之后宋代很多学者如程颐、宋永亨和朱熹等都进一步继承发挥了柳宗元的看法。如果按照皇侃和柳宗元的意见,《论语》的成书时间就下移到战国前、中期。

第三种说法是清代乾嘉时期的学者崔述提出来的,他在《洙泗考信录》中说:“按《鲁论语》中所记之君大夫,如哀公、康子、敬子、景伯之属皆以谥举。曾子、有子皆以子称,且记曾子疾革之言。则是孔子既没数十年后,七十子之门人追记其师所述以成篇,而后儒辑之以成书者,非孔子之门人弟子之所记而辑焉者也。”崔述在此提出的观点相较于前两者可谓别具一格,他认为《论语》既不是孔子门人所写,也不是孔子再传弟子所编,而是后代的儒家学者根据孔子时代的文献记录编辑出来的。之后二十世纪中国学术界出现了一个强有力的学派叫做“疑古派”,“疑古派”对中国很多古代典籍的真伪都表示了怀疑,《论语》也在其中。当代学者朱维铮在《〈论语〉结集脞说》一文中更为直接地否定了《论语》为孔子弟子所作的观点,朱维铮说:“古怪的是,自那以后到公元前二世纪中后期,即西汉景、武之际,至少有两个半世纪之久,这部原始结集本在文献中一直不见踪影。可能是曾参三传弟子的孟轲,可能是仲弓直系传人的荀况,都以孔门正宗自居,时时称引孔子的言行,也时时称引《诗》《书》《春秋》诸经,但都没有直接称引过《论语》,好像这部书对他们来说并不存在。战国其它子书也是如此。”朱维铮就此认为《论语》在战国时代只是零散的篇章,汉代初年的儒生们才将其编纂成书,他将《论语》的成书时间定位在公元前191年“挟书令”废除之后。“挟书令”是秦始皇采纳丞相李斯的建议,下令禁止儒生以古非今,颁布民间有私藏《诗》《书》和百家书籍者族诛的法令。不过,这一说法仍然是假说,尚未得到确证,清初学者顾炎武《日知录》中就曾总结过:“《孟子》引孔子之言凡二十有九,其载于《论语》者八。”事实上,《孟子》中直接或间接引用《论语》的地方有二十余处。

1993年,考古工作者在湖北省荆门市郭店战国楚墓中发掘出八百多枚简牍,这些简牍被称为“郭店楚简”。“郭店楚简”的儒家著作中有一篇名为《缁衣》,郭店《缁衣》与今日流传的纸本文献《礼记·缁衣》内容大体一致,其中与《论语》记录的内容相同者有两章,相似者有四章。这一考古发现侧面佐证了《论语》在战国时代应该尚处于分散篇章的状态,但至少在进入汉代之前应该已经结集成书。

第二个值得讨论的问题就是汉朝人是怎样认识《论语》的,这就关系到《论语》的面貌是如何在流传中发生改变的。这个问题可以通过了解汉朝人是怎么理解“论语”这一书名来探讨,当时人们认为,书名的含义一般直接关系到《论语》编纂的内容和意图。“论语”到底是什么意思?这一问题在汉代可谓众说纷纭。

《论语》的书名含义,最为普遍的一种是来自《汉书·艺文志》的说法:“《论语》者,孔子应答弟子,时人及弟子相与言而接闻于夫子之语也。当时弟子各有所记。夫子既卒,门人相与辑而论纂,故谓之《论语》。”大概的意思就是说孔子的弟子把平时孔子及其弟子的言行加以“论纂”,编成的书就叫“论语”,即“论”是编纂、“语”是言行的意思。西汉时期的学者刘向、刘歆应该是首次写出此观点的人,之后被东汉的历史学家班固所继承,今人杨伯峻在第一部白话文版的《论语译注》中也采用了这个说法,因此影响较为广泛。

但是,汉代也有很多学者提出了不同的看法。比如西汉学者刘熙说:“《论语》,记孔子与弟子所语之言也。论,伦也,有伦理也。语,叙也,叙己所欲说也。”他认为“论语”是有条理地把孔子的话表达出来。东汉文字学家许慎在所著《说文解字》中就认为:“论,议也。”“语,论也。”意思是“论语”就是孔子的议论之言。许慎之后,东汉著名经学家郑玄在前人解释的基础上做了进一步的发挥阐释,郑玄说:“论者,纶也,轮也,理也,次也,撰也。以此书可以经纶世务,故曰纶也;圆转无穷,故曰轮也;蕴含万理,故曰理也;篇章有序,故曰次也;群贤集定,故曰撰也。”郑玄在这里使用了中国传统训诂学中的一个特殊解释方法,叫做“声训”,也就是说声音相近的字,意思也是相近的。基于这个方法,郑玄提出了一大堆关于“论”的解释,总结起来,他认为《论语》是一本讲经纶世务、治国之道,且有系统、富哲理的书。

从汉朝人对《论语》书名的认识就可发现,如果认为“论语”就是对孔子言行的记录,那么《论语》的性质就比较偏向历史书;如果认为“论语”有经纶世务、蕴含哲理的意思,那么《论语》的性质也会随之向政治书和哲学书转变。不过,如果我们能够结合之前关于《论语》编纂过程的讨论来看,《论语》最开始被编纂的原因就是为了记录孔子及其弟子的言行,《汉书·艺文志》的解释更为接近其原义,因此《论语》的性质应该更接近历史书。

最后一个需要说明的问题是汉代《论语》的版本差异问题。2011 年江西省考古队在南昌附近发现了一个汉代大型墓葬,2016 年学界最终确认其为汉废帝海昏侯刘贺之墓,在墓葬中出土了《论语·知道》篇,这是今天传世的《论语》中没有的篇章。为什么会出现这种情况呢?这跟汉代《论语》的版本问题有着密切的关联。

由于秦代颁布了“挟书令”,民间所藏的诸子百家之书大部分被付之一炬,《论语》亦在其列,未得幸免。汉代之后,随着“挟书令”的废除,一些私藏了《论语》的学者才渐渐将自己的书拿出来使之流传于世,但是由于口口相传、反复传抄和同义改写等,不同学者收藏的《论语》内容存在差异,当时形成了三个版本:《齐论语》《鲁论语》和《古论语》。梁代经学家皇侃在《论语义疏·序》中具体解释了这三个版本的差异:“此书遭焚烬,至汉时合壁所得及口以传授,遂有三本,一曰《古论》,二曰《齐论》,三曰《鲁论》。既有三本,而篇章亦异。《古论》分《尧曰》下章‘子张问’更为一篇,合二十一篇,篇次以《乡党》为第二篇,《雍也》为第三篇,内倒错不可具说。《齐论》题目与《鲁论》大体不殊,而长有《问王》《知道》二篇,合二十二篇,篇内亦微有异。《鲁论》有二十篇,即今日所讲者是也。”

当代学者单承彬在《论语源流考述》中认为,《论语》的版本差异应该在汉代之前就已存在。汉代之后,《鲁论语》和《齐论语》共存,不过西汉初期流传较广的是《齐论语》。西汉景帝末年,藩王鲁恭王刘余拆毁孔子旧宅以扩建其宫室,在孔氏墙壁中发现了古文《尚书》及其他经典,其中就有《古论语》二十一篇,从此三本并行于世。当时研习《齐论语》的学者有王吉、贡禹、庸生、宋畸、五鹿充宗和王卿六人,研习《鲁论语》的学者有龚奋、夏侯胜、夏侯健、韦贤及其子韦玄成、鲁扶卿、王骏、萧望之、张禹等人,研习《古论语》的主要是孔安国。汉代自宣帝之后《齐论语》逐渐式微,《鲁论语》地位抬升。

西汉末年,安昌侯张禹师承《鲁论语》,却又兼采《齐论语》之说,重新抄集成书,“善者从之,号曰《张侯论》”。张禹依据《鲁论语》的篇次重新编排

《论语》,删除了《齐论语》中的《问王》和《知道》篇,最终形成的《论语》内容为曹魏学者何晏继承,何晏编成《论语集解》,成为我们今天所见《论语》的最终定本。虽然后世也有学者对张禹此种删削经典的做法表达不满,比如清代的崔述和唐晏都曾批评张禹的此种行为导致《论语》中出现了一些前后文观点不一致的情况。但是张禹融合了各家《论语》版本,便于学习。《张侯论》一出便风行天下,士人莫不传习,客观上促进了《论语》的流传普及,也成为我们今日《论语》的来源。

二、《论语》之历史世界

《论语》是记录孔子及其弟子、时人言行的典籍,所记载的核心人物毫无疑问是孔子,《论语》也就成为研究孔子生平经历的第一手史料。而孔门弟子有不同的个性、理想,在向孔子提出疑问时,孔子往往因材施教,既可折射孔子思想的不同侧面,也为我们了解孔子弟子提供了鲜活的历史场景。在还原《论语》的历史世界时,孔子及其弟子的言论、行为、经历、态度、思想,都是十分宝贵的片段。

(一)《论语》中的孔子形象

《论语》通过记言、记行,比较全面地反映了孔子的思想和性格。他学识渊博、诚实自信;他诲人不倦、循循善诱;他谨守礼制、执着坚毅;他谦逊平实、可亲可爱。关于孔子的幼年生活,《史记·孔子世家》记载"孔子为儿嬉戏,常陈俎豆,设礼容","俎豆"是指祭祀、宴飨时盛载食物所用的礼器,说明孔子在儿时浸染于当时士族的礼节礼数。孔子自述"吾少也贱,故多能鄙事"(《子罕》),更证明了孔子成长时的艰辛。

从《论语》的相关记载来看,孔子对古代的典章十分熟悉,于《诗》、《书》、《易》、礼、乐无一不通。《论语》中孔子提道:"吾自卫反鲁,然后乐正,《雅》《颂》各得其所。"(《子罕》)《诗》、礼、乐一向是孔子教学的内容,他说:"兴于《诗》,立于礼,成于乐。"(《泰伯》)从《论语》可见,孔门弟子"问学"于孔子者,有仁、礼、孝、知、君子、士、成人等,几乎无所不包。孔子皆无所不答,并且总是结合不同的对象而做不同的回答。无论哪个学生向孔子请教,他都毫无保留,他说:"二三子,以我为隐乎?吾无隐乎尔!吾无行而不与二三子者,是丘也。”(《述而》)无论遇到什么困难,他都坚持教学,所以颜渊曾喟然而叹道:“仰之弥高,钻之弥坚。瞻之在前,忽焉在后。夫子循循然善诱人,博我以文,约我以礼,欲罢不能。”(《子罕》)

孔子博学多才,却并非所谓“天纵之圣”,而是刻苦学习所得。孔子的学识与其好学是分不开的。孔子曾坦诚地说:“我非生而知之者,好古,敏以求之者也。”(《述而》)这句话可以概括孔子一生求学的态度。《论语》开篇便是这一态度的体现,孔子说:“学而时习之,不亦说乎?”(《学而》)尽管孔子一生言行谨慎,对自己的评价也向来谦虚,但唯独对自己“好学”这一点,孔子从不回避,且直言不讳,引以为豪。孔子曾充满自信地说:“十室之邑,必有忠信如丘者焉,不如丘之好学也。”(《公冶长》)孔子对“学”极其重视,他曾对子路说过一段话:“好仁不好学,其蔽也愚。好知不好学,其蔽也荡。好信不好学,其蔽也贼。好直不好学,其蔽也绞。好勇不好学,其蔽也乱。好刚不好学,其蔽也狂。”(《阳货》)仁、知、信、直、勇、刚,都是孔子认为君子必备的品德,但这六种品德均需以“好学”为前提,假若不“好学”,这六种品德便失去了根基,反而会衍生出六种“蔽”。从这段话中,我们清楚地了解到孔子将学习摆在了他一生中何等重要的地位。孔子为学十分谦虚,他说:“三人行,必有我师焉,择其善者而从之,其不善者而改之。”(《述而》)孔子认为人人身上都有值得学习的地方。有人问子贡:孔子的学问是从哪里学来的?子贡回答:“文武之道,未坠于地,在人。贤者识其大者,不贤者识其小者,莫不有文武之道焉。夫子焉不学?而亦何常师之有?”(《子张》)孔子不拘场合,不论身份,有可学的东西就学,有不明白的地方就问,时时“敏而好学”(《公冶长》),处处“不耻下问”(《公冶长》)。

孔子坚信“德不孤,必有邻”(《里仁》),这种自信来自对自身修行的肯定,也正因为这一份自信,孔子在生命中屡遭迫害时皆泰然自若。孔子路过匡,匡人误以为孔子是阳虎,因匡人曾受到阳虎的残害,于是囚禁了孔子,可孔子傲然以古文化的传承者自居,他说:“文王既没,文不在兹乎?天之将丧斯文也,后死者不得与于斯文也。天之未丧斯文也,匡人其如予何?”(《子罕》)类似的事情在孔子周游至宋时也发生过,孔子与弟子们在大树下演习礼仪,宋司马桓魋欲杀孔子,就把那棵大树砍倒了。弟子们都叫孔子快速离去,可孔子却悠然地说:“天生德于予,桓魋其如予何?”(《述而》)《论语·里仁》记载:“富与贵,是人之所欲也;不以其道得之,不处也。贫与贱,是人之所恶也;不以其道得之,不去也。君子去仁,恶乎成名?君子无终食之间违仁，造次必于是，颠沛必于是。”孔子直言自己对富贵的追求，对贫贱的厌恶，但得到富贵与除却贫贱都有一个根本前提，那就是必须“以其道得之”。对此，孔子还有更具体的解释：“富而可求也，虽执鞭之士，吾亦为之。如不可求，从吾所好。”（《述而》）这句话不仅表达了一种信念，而且非常务实。“可求”与“不可求”之间，有着“道义”这一根本原则。在孔子心目中，行义是人生的最高价值，在富贵与道义发生矛盾时，他宁可受穷也不会放弃道义，所以他说：“饭疏食饮水，曲肱而枕之，乐亦在其中矣。不义而富且贵，于我如浮云。”（《述而》）对孔子而言，“朝闻道，夕死可矣”（《里仁》）。可以说，孔子一生都在追求完美的道德，时时刻刻都将“仁义礼智信”摆在首位。

通过对《论语》的释读，我们会发现，孔子不是一个单一的形象，而是一个立体的、多面的、丰富的形象。孔子既是“述而不作，信而好古”的敦厚学者，也是一位循循善诱、因材施教的导师；既是以正名、复礼、救世为己任的政治家，同时也遭遇了无数“累累若丧家之狗”的落魄与挫败；在面临失败与困惑时，孔子更有“匹夫不可夺志”乃至“杀身成仁”的坚毅品质，既深具人文情怀，也是激励后代仁人志士前仆后继、成就事业的理想标杆。

（二）《论语》中的孔门弟子形象

孔子主张有教无类，他门下弟子三千，而贤者七十多人。在《论语》中孔子曾分别举出四科最为优秀的学子：德行：颜渊、闵子骞、冉伯牛、仲弓；言语：宰我、子贡；政事：冉有、季路；文学：子游、子夏。这就是一般所说的“孔门十哲”。其中，《论语》对颜渊、季路、子贡的言行记载最为突出。

颜渊，即颜回，鲁国人，字子渊，小孔子三十岁。鲁哀公问孔子说，学生当中哪位最好学。孔子回答说：“有颜回者好学，不迁怒，不贰过。不幸短命死矣，今也则亡，未闻好学者也。”（《雍也》）在孔子看来，真正可以称为“好学”者唯有颜回一人。孔子说他的好学是“不迁怒，不贰过”，意思是颜回这个学生的好学，表现在不迁怒他人、不重犯过失。颜回本身的志向是“无伐善，无施劳”（《公冶长》），就是不夸耀自己的优点，也不把劳苦的事推给别人。孔子说：“吾与回言终日，不违，如愚。退而省其私，亦足以发，回也不愚。”（《为政》）孔子整天和颜回讲学，颜回从不提反对意见和疑问，好像很笨。但是等他退回去自己研究，却可以把所学融会贯通，在生活中加以改善，所以孔子说颜回并不笨。孔子很少公开称赞学生，对于颜回的表现，却经常忍不住称赞，他说：“贤哉，回也！一箪食，一瓢饮，在陋巷，人不堪其忧，回也不改其乐。"(《雍也》)他认为颜回是杰出的,每天吃一竹筐饭,喝一点白开水,住在陋巷,别人都受不了这种忧愁,颜回却没有改变他的快乐,完全一样的快乐,他的内心有快乐的来源。"仁"是孔子思想中的最高道德,他说:"回也,其心三月不违仁,其余则日月至焉而已矣。"(《雍也》)在孔子看来,弟子之中只有颜回能够长久地不离开仁德,别的学生都只是短时期偶然回想一下罢了。孔子曾经对颜回说:"用之则行,舍之则藏,惟我与尔有是夫!"(《述而》)孔子认为达到这一境界的只有他和颜回。他把颜回抬高到和自己一样的程度,因为他穷困时快乐,通达时也能快乐,真正做到了"安贫乐道"。孔子与颜回的师徒情谊可谓情同父子。孔子在匡被囚禁之后,当时颜回不在,颜回最后才跟上,孔子看到颜回非常高兴,说:"吾以女为死矣!"(《先进》)颜回回答道:"子在,回何敢死?"(《先进》)孔子晚年听到颜回过世后很伤心,悲叹道:"天丧予!天丧予!"(《先进》)他认为颜回的去世是上天对自己的放弃,所以孔子"哭之恸"。孔子提倡喜怒哀乐都要中节适当,过度伤心在孔子身上是很少见的。孔子说:"非夫人之为恸而谁为?"(《先进》)因为他本来希望颜回可以传他的道统。在孔子弟子中,颜回以道德高尚著称,后世尊其为"复圣"。意思是说,在道德文章方面,他是孔圣人的复制品。颜回的好学、谦虚和尊师重道为后世学子树立了楷模。

季路,即子路,名仲由,卞地人,小孔子九岁。孔子最爱重颜渊,却偏宠子路。钱锺书先生就认为孔子最喜欢子路。子路追随孔子时间最长,长期在孔子身边,和老师保持着几乎从未间断的密切联系。因此在《论语》中,除了孔子,着墨最多的就是子路了。子路在《论语》中的形象非常丰满,他忠心耿耿,个性鲜明,心直口快,为人豪爽,抱负远大,逞勇好强。在孔子的许多弟子里,他最真率,对孔子最忠诚。《论语》中的子路是一块璞玉。孔子说:"衣敝缊袍,与衣狐貉者立,而不耻者,其由也与?"(《子罕》)身穿粗布袍,与身着貂皮者并立,而无低人一等之羞耻感,这就是子路的坦荡。子路为人刚正,个性果决,所以孔子说:"片言可以折狱者,其由也与?"(《颜渊》)孔子也常常不由自主地称赞子路,"由也兼人"(《先进》)、"子路无宿诺"(《颜渊》)等。子路听到孔子的称赞就喜形于色,于是又立刻遭到训斥。孔子对其他弟子总很有礼,对子路却毫不客气地端正他的学习态度:"由,诲女知之乎?知之为知之,不知为不知,是知也。"(《为政》)也会直接批评道:"野哉,由也!"(《子路》)子路心直口快,在对孔子的言行感到不理解或不同意时,往往直言不讳地表达自己的意见。孔子也针对他的性格特点,直言提点。孔门师生周游列国时，曾在陈、蔡之间被重兵围困了七天，粮食都吃完了，跟随孔子的学生都饿得病倒了。子路气冲冲地来问孔子："君子亦有穷乎？"(《卫灵公》)孔子说："君子固穷，小人穷斯滥矣。"(《卫灵公》)孔子教导子路，君子虽穷困，但在关键时刻仍会坚持自己的节操；小人一穷困便什么都干得出来。孔子曾让弟子谈谈自己的志向，子路立刻说："愿车马，衣轻裘，与朋友共，敝之而无憾。"(《公冶长》)这是重视朋友的情谊，远远超过财物的价值，也是儒家的基本精神，绝对把人的价值放在物质上面。《论语》提到了子路的一个特别优点："子路有闻，未之能行，唯恐有闻。"(《公冶长》)子路每一次听到老师说什么事情，该怎么做，他如果还没做到的话，就很怕又听到老师说别的事该做。孔子曾说："道不行，乘桴浮于海，从我者，其由与？"(《公冶长》)在孔子看来，理想不能实现的话，子路可以作为最后的寄托。可以说，子路就像一张盾牌，保护老师远离浊世的所有侵害，用一己之身抵挡世俗的烦扰与污辱，以回报老师的精神引领与佑护。

子贡，姓端木，名赐，卫国人，小孔子三十一岁。子贡也是孔子非常喜欢的学生之一。孔子曾问子贡："女与回也孰愈？"(《公冶长》)拿他与自己最得意的门生颜回比较，从侧面也看出他对子贡的器重。子贡是一个非常活跃的学生，他好问，也颇有悟性。子贡曾向孔子请教说："贫而无谄，富而无骄，何如？"(《学而》)孔子说："可也。未若贫而乐，富而好礼者也。"(《学而》)子贡立有所悟，联想到了《诗经》中的"如切如磋，如琢如磨"。孔子认为子贡是真正可以与其言《诗》的人，因为他"告诸往而知来者"(《学而》)。孔子称赞子贡为瑚琏，瑚琏乃可陈于庙堂者，为宗庙所用之贵器，孔子赞子贡为瑚琏之器，可见对其才质之欣赏。由于勤学好问，子贡对一些问题的见解都比较深刻。他说："纣之不善，不如是之甚也。是以君子恶居下流，天下之恶皆归焉。"(《子张》)又如他说："君子之过也，如日月之食焉：过也，人皆见之；更也，人皆仰之。"(《子张》)子贡疾恶如仇，在与孔子讨论君子是否有所厌恶的问题时，他说自己"恶徼以为知者，恶不孙以为勇者，恶讦以为直者"(《阳货》)。从这里也可看出子贡的品格。当然，子贡也有缺点，他好方人，孔子对此有过批评。子贡很自负，他说："我不欲人之加诸我也，吾亦欲无加诸人。"(《公冶长》)孔子断然说："赐也，非尔所及也。"(《公冶长》)然而，这丝毫未影响子贡和孔子的密切关系，他比起一般的弟子也更为了解孔子。在孔子返回鲁国之后，早年弟子已多不在身边，孔子对子贡十分信任，时常委以重任。而子贡事孔子越久，就对孔子越了解，越了解就对孔子越敬仰。后来的岁月里,不少人赞誉子贡而非议孔子,都被子贡一一斥责。叔孙武叔毁仲尼,子贡曰:"无以为也。仲尼不可毁也。他人之贤者,丘陵也,犹可逾也。仲尼,日月也,无得而逾焉。人虽欲自绝,其何伤于日月乎?多见其不知量也。"(《子张》)又如陈子禽对子贡说:"子为恭也,仲尼岂贤于子乎?"(《子张》)子贡当即说:"君子一言以为知,一言以为不知,言不可不慎也。夫子之不可及也,犹天之不可阶而升也。夫子之得邦家者,所谓立之斯立,道之斯行,绥之斯来,动之斯和。其生也荣,其死也哀,如之何其可及也?"(《子张》)又有一次,叔孙武叔在朝廷中对大夫们讲:"子贡贤于仲尼。"有人把这话告诉了子贡,子贡解释说:"譬之宫墙,赐之墙也及肩,窥见室家之好。夫子之墙数仞,不得其门而入,不见宗庙之美,百官之富,得其门者或寡矣。夫子之云,不亦宜乎?"(《子张》)子贡的说明形象而深刻,使人信服孔子的伟大与不可及。司马迁作《史记·仲尼弟子列传》,其中对子贡的描写,就篇幅而言,在孔门众弟子中是最长的。细读《论语》,可以看出子贡这个人物的非同寻常。他学业优异,能力高超,文化修养丰厚,政治、外交才能卓越。在孔门弟子中,子贡是把学和行结合得最好的一位。

综合《论语》的记载来看,以上三人虽然思想性格各不相同,但孔子均能因材施教,使其自立成材。此外,还有许多孔门弟子在《论语》中都有浓墨重彩的篇幅,如子张、曾子等。孔门弟子是孔子思想和学说的坚定追随者和实践者,他们是儒家文化的创建者,也是早期儒学的积极传播者。重温孔门弟子求学问道的心路历程,使我们再次领略了孔子教育境界的高妙,同时对早期儒学的多样化形态也有了更为深入的认识。

三、《论语》之精神世界

儒学作为中国传统文化的核心内容,既是中华民族精神家园的重要组成部分,也是历代先哲先贤、仁人志士立身行事的圭臬,更在两千多年的历史中成为社会的主流意识形态。儒学经典所塑造的人格、价值、理想作为强大的精神力量,在千百年来一直影响、激励和鼓舞着历史上的中国人,先贤先哲、志士仁人们在精神家园中不断汲取养分,将儒家精神转化为经世济民、建功立业的实践。作为儒家经典的《论语》,其核心思想范畴在"仁"与"礼"两端,同时涉及了孔门对"孝""学""忠""信"等问题的看法,这些观念与范畴凭借《论语》进入中国人的精神家园，时至今日，仍在我们的日常生活中发挥着重大的影响力。

（一）《论语》论“仁”

众所周知，“仁”是孔子以及儒家思想学说的内在核心，《论语》中出现“仁”字共达109次之多。近代著名学者梁启超曾在《先秦政治思想史》中说：“儒家言道言政，皆植本于仁。”在《论语》中，孔子因材施教，在论述“仁”的内容、作用、意义时也各有侧重，故而《论语》中“仁”的内涵十分广泛。孔子所处的春秋末期，西周遗存的政治规则与伦理道德不断被颠覆，周天子尊严一落千丈，文化上礼崩乐坏，政治上诸侯征伐。因此，孔子提出了“仁”的主张，包括“仁性”“仁心”“仁政”等多项内容。因此，“仁”不仅是指人们本性所固有的道德品质，更是人们在自身修养、齐整家庭、治理国家时所必须秉持的基本原则。

尽管孔子对“仁”有多方面、多层次的论述，但“仁”的核心观念仍然是与人紧密相关的。《论语·颜渊》记载：

> 樊迟问仁。子曰：“爱人。”

“爱人”二字，看似寻常，却体现了孔子朴素的人文关怀。所谓的“爱”是指发自人性、内心而形成的一种心理状态，“人”不再是单独的某个人，而是包括自身、家庭乃至社会、国家中所有的人。简而言之，“爱人”便是要对人充满尊重、体谅与关心。又如同章中：

> 颜渊问仁。子曰：“克己复礼为仁。一日克己复礼，天下归仁焉。为仁由己，而由人乎哉！”

孔子在回答颜渊的问题时，将“克己复礼”作为“仁”的基本含义。所谓的“克己复礼”当指克服（约束）自己，使自身的思维、行为都符合礼的要求。一旦做到了“克己复礼”，天下的人便会称许你是仁人。而实践“仁”的价值关键在于自身，而非他人。孔子这段话，说明要达到“仁”的境界，必须时时刻刻提醒自己，要将内心思想、视听言动以及待人接物都与外在的礼制要求合而为一。

此外,《论语》中对“仁”的具体内涵还有许多论述。子张也曾问仁于孔子,《阳货》篇中记载:

> 子张问仁于孔子。孔子曰:“能行五者于天下为仁矣。”“请问之。”曰:“恭、宽、信、敏、惠。恭则不侮,宽则得众,信则人任焉,敏则有功,惠则足以使人。”

子张向孔子请教“仁”的问题,孔子说能将这五点推行于天下,便可以称为“仁”了。孔子进而阐述了“仁”所包含的五点要素,即恭敬、宽容、忠信、勤敏、慈惠。如果一个人秉持恭敬,那么便不会侮辱他人;做到宽容,便能够收获众人的拥戴;做到忠诚守信,便能得到他人的任用;做到勤快敏捷,便能建立功勋、成就事业;保持慈惠,便可以知人善任、役使他人了。在这里,孔子将“仁”界定为人与人之间关系的处理原则,包括个人与他人、上级与下级、个人与事业等方面。

那么,既然“仁”的含义如此广泛,那么学者又应该如何实践“仁”呢?《论语》中多次提及用“恕”来推行仁道。《颜渊》篇中“仲弓问仁”,《卫灵公》篇中子贡问“有一言而可以终身行之者乎”,孔子均提到了“己所不欲,勿施于人”的原则:

> 仲弓问仁。子曰:“出门如见大宾,使民如承大祭。己所不欲,勿施于人。在邦无怨,在家无怨。”仲弓曰:“雍虽不敏,请事斯语矣!”
>
> 子贡问曰:“有一言可以终身行之者乎?”子曰:“其恕乎!己所不欲,勿施于人。”

在回答仲弓的问题时,孔子提到了“出门如见大宾,使民如承大祭”(出门工作好像接待贵宾,使役人民好像承担重要祭典),意在提醒仲弓要时刻保持敬畏之心,才是符合“仁”的要求。“己所不欲,勿施于人”一句在《论语》中出现两次,可见孔子对这一为仁之方的重视,翻译为白话文即是“自己不想要的事物,便不要强加给别人”。《雍也》篇中孔子答子贡之问时还提到了类似的意思:

> 夫仁者,己欲立而立人,己欲达而达人。能近取譬,可谓仁之方也已。

这段话翻译便是："仁是什么呢？自己要站得住，同时也使别人能站得住；自己要事事行得通，同时也要使别人事事行得通。能够就眼下的事实选择例子一步步去做，可以说是实践仁道的方法了。"统而言之，在实践"仁"的精神时，首先要从自身做起，不断努力提高自身的修养，保持着自己的尊严，其次便是要推己及人、将心比心，不要将自己的想法、态度强加在他人身上。相形之下，用忠信、忠恕来规范自身以实践仁道，尚属于第一层次。仅仅停留在自身的层面，仁道的价值是无法彰显的。因此，孔子希望学者能从身边的小事做起，从处理身边的人际关系开始，在人与人、人与事、人与物的互动中不断落实仁道。

上述所举"己所不欲，勿施于人""己欲立而立人，己欲达而达人"属于从总体原则上去理解仁道。而从具体细节去讨论如何为仁、落实仁道的言论，在《论语》中还有许多。《论语》中这类言论可以分为三种，即自身修养之仁、家庭建设之仁、政治治理之仁。

1. 自身修养之仁。一个人的自身修养，大体包括言语容色、行为举止等方面。孔子论言语容色之仁，称："巧言令色，鲜矣仁。"（《学而》）孔子所称许的君子，必须是仪态端庄、言语得体的，非肺腑之言不敢轻言，非能行之语不敢轻诺。如果一个人整天花言巧语，带着一副伪善的容貌，那么这样的人肯定不会有仁德的。仁德并非深藏于心性之中，而是流露在言谈举止的细节之内。又如《子路》篇中所说："刚、毅、木、讷，近仁。"即刚强、果决、质朴而不轻易言语的人，才是接近于仁道的要求。这些良好的品质同样是透过言行来得以展现。因此，我们在阅读《论语》时应当反复对照自己在日常生活中的言行，时刻提醒自己。

2. 家庭建设之仁。仁道的落实，在于从自身做起，在于处理好自身与他人的关系。家庭作为人的出生成长之所，如何处理与家庭成员（父母、兄弟）的关系，始终是孔子及孔门弟子所关切的重要内容。《学而》篇中说：

> 有子曰："其为人也孝弟，而好犯上者，鲜矣；不好犯上，而好作乱者，未之有也。君子务本，本立而道生。孝弟也者，其为仁之本与！"

这段话的大意是："为人孝顺父母，敬爱兄长，却喜欢冒犯上司，这种人是很少的；不喜欢冒犯上司，却喜欢造反为乱，这种人是从来没有的。君子专心致力于最根本的事业，根本事业树立了，那么'道'也就产生了。孝顺父母，敬爱兄长,这便是‘仁’的根本吧!”人与父母、兄弟之间的关系最为亲近,如果一个人对最亲近的人也失去敬爱之心,则更别指望他对其他人乃至整个社会、国家能实践仁道了。

3. 政治治理之仁。孔子所处的时代社会动荡、政治腐败,孔子却一心试图传承与发扬西周所遗留的礼仪制度,重新建立井然有序的政治秩序,恢复“君君,臣臣,父父,子子”的宗法社会。因此,孔子一方面强调以仁修身,另一方面“仁”也是治国平天下所必须遵循的基本原则。孔子希望以仁道治理社会,使得政治清明,暴政消除。那么政治治理之仁的具体内涵又是什么呢?大体应该包括统治者的仁心仁行、选贤用能以及具体的富民教民之策。《为政》篇记载:“为政以德,譬如北辰,居其所而众星共之。”意即统治者如果以仁德来处理政务,便会得到百姓的衷心爱戴与拥护。同时,孔子也说“举直错诸枉,则民服;举枉错诸直,则民不服”(《为政》)、“节用而爱人,使民以时”(《学而》)等,为当时以及后世的执政者提供了重要的参考借鉴。

(二)《论语》论“礼”

为了实践“仁”这一儒家的最高道德标准与行为准则,孔子继承与发挥了“礼”这一概念。如果说,“仁”侧重对人内在品质的提升,那么“礼”则更侧重人对外在规范的体认与实行,即为人、处事、齐家、治国的行为准则。《论语》中谈及“礼”的文句有七十余处,涉及礼制、礼节、礼义等多个方面,也关乎到了“礼”作为典章制度、修养规范以及道德境界三个层次。

首先,作为制度化的“礼”,在《论语》中有历史与现实等多个维度的记载与阐发。众所周知,孔子处于礼崩乐坏的春秋时期,他所念兹在兹的是恢复西周时期的礼仪制度与社会规范。当子张向孔子请教三代礼制的问题时,孔子曾说:

> 殷因于夏礼,所损益,可知也;周因于殷礼,所损益,可知也。其或继周者,虽百世,可知也。(《为政》)

在孔子看来,夏、商、西周三代都将“礼”视为国家最为根本的制度,统治者在治理国家时往往会对前代的礼制进行修订损益。孔子自信礼制之传承,故称“虽百世,可知也”。孔子在讨论三代礼制时,特别注重西周礼制的仪文与精神。故《八佾》篇载孔子之言"周监于二代,郁郁乎文哉！吾从周",《泰伯》篇载"周之德,其可谓至德也已矣",都旨在说明西周的礼乐制度,既是传承于夏朝、商朝,同时也因时制宜地对礼制进行损益与发扬。在孔子的历史观中,西周的礼制无疑是最为完美、最为有效的制度。

事实上,西周的礼制在春秋时期频遭破坏,僭越礼制的行为在史书中不胜枚举。《八佾》篇称"孔子谓季氏,八佾舞于庭,是可忍也,孰不可忍也",季氏只是鲁国大夫,按礼制只得享用四佾(三十二人)的奏乐舞蹈,但他却破坏礼制而享用天子之礼。孔子对此甚为愤慨,但也无可奈何。于是,孔子将恢复礼制的目标,落实在了他传道授业的事业上。《论语》所涉及的"礼",不少是从国家制度建设的层面进行论述的,例如：

> 道之以政,齐之以刑,民免而无耻;道之以德,齐之以礼,有耻且格。(《为政》)
>
> 能以礼让为国乎？何有？不能以礼让为国,如礼何？(《里仁》)

孔子主张在教化民众时,统治者不得片面依据刑法,更应当重视礼制的作用,提升人民的道德修养。如果统治者不以礼治国,那么他所治下的国家必定会陷于混乱的境地。孔子这番言论,当然是针对他所处的社会现实而发,目的在于调节、改善社会关系,恢复人民与统治者、人民内部之间的和谐秩序,在中国传统政治思想上发挥了重要的影响。

其次,作为仪节规范的"礼",是指导君子立身行事的指南。孔子在教导孔鲤时说:"不学礼,无以立。"(《季氏》)意即如果我们不能学习礼,那么人的言行举止、立身行事都会出现偏差。"君子"是学者所效仿的理想人格,其中重要的品质便是遵礼、行礼,在日常生活中遵循礼节的规范,既是成就自己,同样也可为他人做出表率。

《论语》中所标榜的君子人格,对自己的生活"约之以礼"(《雍也》),凡事讲求"礼以行之"(《卫灵公》),做到"非礼勿视,非礼勿听,非礼勿言,非礼勿动"(《颜渊》),这些都是从总体原则上去把握礼节的意涵。同时,《论语》的《乡党》篇,是记载孔子日常生活的重要文献,其中一项突出内容便是孔子如何遵循礼节。比如,《乡党》篇中记载"孔子于乡党,恂恂如也,似不能言者。其在宗庙朝廷,便便言,唯谨尔",又如"割不正,不食""席不正,不坐"等,说明孔子在生活的不同场合都要遵循礼节,即便是日常生活中的细微之处，孔子也要讲究合礼，展现了孔子行礼的生动场景。

遵循礼节的同时，还要根据礼节来避免违礼情形的出现。孔子提出“克己复礼为仁”（《颜渊》），尽管历代学者对此有许多不同的解释，但都认同孔子此说的原义为：克制自己、使自己的言论行为都符合礼的要求。用礼节来调节和规范自己的行为与欲望，也是《论语》中多次强调的原则。比如《八佾》篇中说：“礼，与其奢也，宁俭。”《子罕》篇中也说：“麻冕，礼也；今也纯，俭，吾从众。”也就是说，君子在行礼时不仅要谨守仪式规范，更要注重礼节的内在作用，而非外在形制。礼节在后世往往落地而演化为各地的风俗，如果我们在实行礼节时铺张浪费，仅仅注重物质的多寡高下，那么礼节便也失去了它的意义。因此，学者遵循礼节，暗含着对自身欲望的克制，同时也应考虑不同的场合、对象而进行变通适宜。

再次，作为思想义理上的“礼”，是孔子以及儒家思想的终极理想之一。换言之，礼制、礼节是否算真正落实，检验标准便是看这些制度、行为是否符合礼的本义。《论语》中的“礼”不仅是严格的社会等级制度、复杂多样的生活行为要求，同样是人类本性中所具备的对社会规范、天下有道的追寻与理想。学者学礼、行礼，不可停留在表面的仪式制度上，同时要从内心与情感中感悟礼的根本意涵。

《阳货》篇载孔子之言：“礼云礼云，玉帛云乎哉？乐云乐云，钟鼓云乎哉？”玉帛、钟鼓都是儒家礼制的重要内容，但是如果儒家的礼乐文明仅仅是这些物质形式，那么儒家礼乐的精神实质便是一纸空文了。儒家治国，既须注重制度节文的建设，同时要参考儒家学说的思想内涵与内涵理想进行调整与规范。

《论语》中对“礼义”有许多精辟的阐发与论述，建构了“礼”与“仁”“忠”“孝”等概念范畴的关联。其中，最为重要的是“礼”与“仁”的关系。《八佾》篇中说：“人而不仁，如礼何？人而不仁，如乐何？”意即人生以降，如果达不到“仁”的境界，那么会如何看待礼乐制度？换言之，无“仁”则无“礼”“乐”。对此，当代学者李泽厚精辟地将孔子此论归结为“释礼归仁”。孔子以“仁”的多重思想意涵来统摄“礼”，使得“礼”不再是僵硬死板的典章制度，而是与人心人性紧密结合、实行于外而体认于内的思想范畴。进言之，孔子对“仁”“礼”关系的疏解，也使《论语》中的“礼”区别于三代之礼，使得儒家礼学得以发展、升华。

四、读书之法与文本书目

（一）读书之法

阅读经典名著，既需要读者对书中内容进行精密的记忆、理解与体会，更重要的是指引读者将知识、理论、价值转化为切实的践履。中国传统的经典名著，不仅传承着古人的智慧、知识，同时也重视人的价值，教会后来者如何为人处世，使我们的人生更有价值、更有尊严、更有意义。我们研读《论语》的目的与方法也不外乎此。

尽管前辈时贤对如何读《论语》这一问题曾有不同维度、深度的探索，我们集合前人的智慧，认为研读《论语》至少需要以下三种方法可供参考：

1. 熟读深思。对于《论语》，我们需要反复地阅读，熟读而成诵。通过反复阅读，对文字义蕴的体会也会更为深刻，对自己的疑问之处也会慢慢明白。宋代大儒朱熹说“书只贵读，读多自然晓”“大凡读书，须是熟读。熟读了，自精熟；精熟后，理自见得”，便是这个道理。

熟读《论语》的过程中，要量力而行，讲求次序，全身心投入，避免贪多求全，重在对文字内容进行反复思索。对此，朱熹也说“读书须是要身心都入在这一段里面，更不问外面有何事，方见得一段道理出”，意即只有集中精神，全身心投入《论语》文本之中。一方面，我们需要对《论语》文本进行逐字、逐词、逐句深入阅读，了解字词的基本意思；另一方面，《论语》中说“学而不思则罔，思而不学则殆”（《为政》），死记硬背并非阅读经典的正途，熟读还须深思。将熟读与深思相结合，才能较好地理解《论语》文本的语义，对《论语》的思想内涵有深切的体悟。

2. 泛观博览。中国经学史源远流长，绵延不绝，历代儒者潜心于三坟五典，往返于六艺九经，潜心求学，孜孜求道。儒者对经典的传承与阐扬，是中国学术思想史的重要内容，也是我们今日进行经典阅读所必须凭借与参考的宝贵资料。

钱穆曾说，读《论语》必须读注。也就是说，研读《论语》不仅需要我们对《论语》文本进行细致解读，同时要参考历代儒者对《论语》的注释、解读与阐发。《论语》的字音词义、思想义理，透过历代儒者的解读而展现；而两千多年的学术思想也经历着各种变迁，因此不同时代、学风主导下的《论语》诠释便体现了不同的风格与特色。在《论语》学史上，何晏的《论语集解》、朱熹的《论语集注》、刘宝楠的《论语正义》等，都是不可绕过的必读书。此外，我们可以将历代诠释大体上分为考据类、义理类两种典范。考据类的《论语》著述明清以来层出不穷，义理类的《论语》著述则有更为深远的传承。在阅读这些《论语》论著时，须将前人说法与作者观点区别开来，要特别注意学者所提出的问题、征引的材料，将问题与材料条分缕析，进而抓住不同解释的核心词句以及成因所在。

3. 实行体认。宋代学者程颢说："今人不会读书，如读《论语》，未读时是此等人，读了后又只是此等人，便是不曾读。"就是说，如果研读《论语》，对我们为人、学习、行事、处世毫无改进，便是等同于没读《论语》。言外之意就是说，我们通过阅读《论语》要有所收获，有所改变，要对我们日常的为人处世等各方面都要有所影响。

在经典阅读中，必须保持"虚心切己"的态度，"虚心"即谦虚谨慎，时刻抱持着对经典的崇敬之心；"切己"便是指我们应该把《论语》中所记载的圣贤之说与现实生活相结合，在日常生活中去实践、体验、感受，要能够做到反求诸己。孔子与弟子平日所说的话都是紧扣现实生活，并非虚悬、飘渺而不可捉摸。《论语》中凡是牵涉具体人和事的，都有深刻的思想蕴含其间。因此，我们在研读《论语》的过程中也需要不断地反思，要与自己的实际的学习、生活、做人、做事相结合。程颐说："读《论语》，有读了全然无事者……有读了后直有不知手之舞之、足之蹈之者。"将《论语》的道理，与自己的思想行为合而为一，达到对哲理的由衷喜悦、对修养的时刻体认、对世事的通明练达，才可算是真正地阅读与理解了《论语》。

（二）文本书目

在古往今来的《论语》诠解之作中，朱熹的《论语集注》无疑是一部划时代的巨著。朱熹（1130—1200）作为理学的集大成者，钟情传注、阐发义理，毕生志业在于诠解儒家经典，进而使儒家圣贤相传之旨显扬于后世。《论语集注》是朱熹用力最深、影响最大的著述之一。自元代延祐年间以来，《论语集注》或单独行世，或附于《四书章句集注》之中，屡经传刻，版本颇多。就《四书章句集注》的存世版本而言，为学界推重的主要有如下四种：一是宋嘉定十年（1217）当涂郡斋初刻本，递修于淳祐十二年（1252），原为铁琴铜剑楼旧物,今藏国家图书馆;二是上海图书馆所藏元刻本,明代名儒魏校批校;三是清康熙年间内府仿刻宋淳祐二年(1242)大字本;四是清嘉庆十六年(1811)吴英、吴志忠校刻本,吴氏父子力求还原朱熹原本之旧,以多种古本与宋元人著述相互比勘对校,后出转精,世称善本。为行文简便,本书在校勘文本时将上述四版分别省称为宋本、元本、清内府本、吴本。以吴本为底本,与其他三种进行校勘,避讳字、明显讹误的文字直接在原文上改动,其他文字传写异同则附录于注释之中,以供读者取择。

在研读朱熹《论语集注》的基础上,学者还可根据自身的学力与兴趣,采择古今注疏作为参考。故此处分列"基本书目"与"延伸书目"两类,分别以今译、古注为主。

1. 基本书目

杨伯峻《论语译注》

杨伯峻(1909—1992),著名语言文字学家,在古汉语语法、文言虚词研究以及古籍整理译注等方面皆有贡献。《论语译注》是杨伯峻古籍整理的代表作,也是二十世纪八十年代以来流传最广、发行量最大的《论语》译本。《论语译注》对字音词义、语法规律、修辞方式等方面最为着力,且对前人有关名物制度、地理沿革的考证结论进行了鉴别与吸收,将繁琐的考证过程凝练为简明的注释,并将《论语》全书翻译为白话文,有开创风气之功。《论语译注》书后附有《词典》,对《论语》中经常出现的以及特殊的字词进行分门别类的解释,并标明在文章中出现的次数和所在篇章的序号,既方便查阅,也能展示字词的不同含义,为初学者学习《论语》提供了便利。《论语译注》有中华书局多种版本流行。

钱穆《论语新解》

钱穆(1895—1990),著名历史学家、思想家,被学界誉为"一代宗师"。钱穆著述宏富,会通四部,所著《论语新解》将《论语》前十篇、后十篇分为上、下编,先列举《论语》诠释史上的著名观点,进而疏通文字义理,发明章旨,并对《论语》原文进行翻译。钱穆自序称解读《论语》"难在义蕴,不在文字",故《论语新解》对《论语》中所蕴含的道德标准、价值理想以及时代意义有较多阐发,而对《论语》中的人物、史事、制度等问题做简明注释。钱穆对《论语》及孔子生平的研究,还见于《孔子传》《先秦诸子系年》等书,亦值得参看。《论语新解》有生活·读书·新知三联书店2005年《钱穆作品系列》版、九州出版社2011年《钱穆先生全集》版。

孙钦善《论语本解》

孙钦善（1934—　），北京大学中国古典文献学教授、博士生导师。《论语本解》包含对《论语》的注释、今译和附论，注重运用《论语》自身的语词互解互证，强调由字、词、句到章旨、道理的研究路径，意在还原《论语》本义。《论语本解》文字简明，翻译通达，适宜初学《论语》的同学阅读参考。《论语本解》为生活·读书·新知三联书店 2009 年版。

2. 延伸书目

何晏《论语集解》

《论语》在西汉初期已经成为学者的必读书，从通都大邑至乡村鄙野皆有流传。两汉距春秋战国为时不远，故而许多学者认为汉儒对《论语》的解读可能更贴近《论语》原意。虽然汉代历史上不少学者曾注释《论语》，但是大多遭遇泯灭。三国时代的何晏（？—249）编撰《论语集解》，收录孔安国、马融、郑玄等八家注释，并附加己意，成为汉代以降最为通行的《论语》注本之一，也是现存最古的《论语》完整注本。《论语集解》所收录的汉儒古注，重在疏通《论语》文句、还原《论语》中的历史场景，对《论语》中的关键字词进行解读，擅长从事理、礼制等角度解释《论语》。因此，《论语集解》成为后代学者了解《论语》本义以及汉代《论语》学的基础文本，在《论语》学史上占有重要地位。《论语集解》在流传中有许多版本，如中华书局 2014 年《十三经古注》版、北京大学出版社 2000 年《十三经注疏》版。

黄式三《论语后案》

黄式三（1789—1862）是清代“浙东学派”的代表学者，也是晚清汉宋兼采学术思潮的倡导者、践行者。黄式三研究经学时擅长旁征博引，实事求是，不主一家。《论语后案》的体例是采录何晏《论语集解》、朱熹《论语集注》之说，在何、朱二说之下加案语，故题为“后案”。在黄式三所撰写的案语中，既有对何晏、朱熹观点的分析评判，同时也收录了散见于四部中的《论语》学文献，会通诸家，折衷其间，进而做出解释。《论语后案》的体例既方便寻找历代学者对《论语》的典型解读，也能清晰地看到《论语》诠释范式、角度的演变与发展。《论语后案》现有凤凰出版社 2008 年版。

刘宝楠《论语正义》

刘宝楠（1791—1855）是清代著名学者，也是“扬州学派”的代表性人物。《论语正义》虽题为刘宝楠所撰，实际上是刘宝楠及其子刘恭冕共同完成的。考据学是清代学术的主流，即便是在刘宝楠所处的清中叶，考据学仍在学术界占据着主流地位。《论语正义》仿照焦循《孟子正义》之例，虽有发明义理之说，但全书重心仍在训诂、考据。训诂重在分析、推寻字词的原本之义，考据则重在考辨人物、时空、典章制度等信息。刘宝楠《论语正义》中的许多结论至今仍被学者沿用，是清代学者以考订之学研究《论语》的典范之作。《论语正义》现有中华书局 1990 年《十三经清人注疏》版。

程树德《论语集释》

程树德（1877—1944），民国时期著名法律史学家，晚年研究《论语》颇为深入，撰成《〈论语〉之研究》等著述。《论语集释》分考异、音读、考证、集解（何晏、邢昺）、唐以前古注、集注（朱熹）、别解、余论、发明、按语十类，引述古今书籍达六百八十余种。《论语集释》的特色在于引证繁富，尤其是吸收清代学者的《论语》学研究成果，使得历代《论语》学的成果得以分门别类地展现。程树德所加按语，多站在考据学的角度来批评宋明理学的空疏，带有鲜明的时代色彩。因此，《论语集释》的学术价值主要是在收集、排列历代学说上，学者若希望深入《论语》，则《论语集释》为必读之入门书籍。《论语集释》现有中华书局 1990 年版。

杨树达《论语疏证》

杨树达（1885—1956），民国时期著名的语言文字学家、历史学家，所著《论语疏证》二十卷旨在广搜博采汉代之前的文献，以疏通孔子学说。文献收集与取用的原则是：以《论语》本证为先，群经诸子及前四史等他证为次；老子、庄子、韩非子、墨子等人的学说，虽然不免与孔子学说冲突，然而也不乏发明孔学的言论。《论语疏证》所证的内容包括字义、文句、学说、事例、道理等项。《论语疏证》强调以《论语》证明《论语》，突出从字词到道理的研究路径，对今天的学者仍有重要参考价值。《论语疏证》现有上海古籍出版社 1986 年《杨树达文集》版。

《论语》集注

《论语》序说[①]

《史记·世家》曰："孔子名丘，字仲尼。其先宋人。父叔梁纥，母颜氏。以鲁襄公二十二年，庚戌之岁，十一月庚子，生孔子于鲁昌平乡陬邑。为儿嬉戏，常陈俎豆，设礼容。及长，为委吏，料量平；委吏，本作季氏史。《索隐》云："一本作委吏，与《孟子》合。"今从之。为司职吏，畜蕃息。职，见《周礼·牛人》，读为樴，义与杙同，盖系养牺牲之所。此官即《孟子》所谓乘田。适周，问礼于老子，既反，而弟子益进。昭公二十五年甲申，孔子年三十五，而昭公奔齐，鲁乱。于是适齐，为高昭子家臣，以通乎景公。有闻《韶》、问政二事。公欲封以尼溪之田，晏婴不可，公惑之。有季孟吾老之语。孔子遂行，反乎鲁。定公元年壬辰，孔子年四十三，而季氏强僭，其臣阳虎作乱专政。故孔子不仕，而退修《诗》《书》《礼》《乐》，弟子弥众。九年庚子，孔子年五十一。公山不狃以费畔季氏，召，孔子欲往，而卒不行。有答子路东周语。定公以孔子为中都宰，一年，四方则之，遂为司空，又为大司寇。十年辛丑，相定公会齐侯于夹谷，齐人归鲁侵地。十二年癸卯，使仲由为季氏宰，堕三都，收其甲兵。孟氏不肯堕成，围之不克。十四年乙巳，孔子年五十六，摄行相事，诛少正卯，与闻国政。三月，鲁国大治。齐人归女乐以沮之，季桓子受之。郊又不致膰俎于大夫，孔子行。《鲁世家》以此以上皆为十二年事。适卫，主于子路妻兄颜浊邹家。《孟子》作颜雠由。适陈，过匡，匡人以为阳虎而拘之。有颜渊后及文王既没之语。既解，还卫，主蘧伯玉家，见南子。有矢子路及未见好德之语。去，适宋，司马桓魋

① 宋本作《〈论语〉朱熹集注序说》。

欲杀之。有天生德语及微服过宋事。又去，适陈，主司城贞子家。居三岁而反于卫，灵公不能用。有三年有成之语。晋赵氏家臣佛肸以中牟畔，召孔子，孔子欲往，亦不果。有答子路坚白语及荷蒉过门事。将西见赵简子，至河而反，又主蘧伯玉家。灵公问陈，不对而行，复如陈。据《论语》则绝粮当在此时。季桓子卒，遗言谓康子必召孔子，其臣止之，康子乃召冉求。《史记》以《论语》归与之叹为在此时，又以《孟子》所记叹辞为主司城贞子时语，疑不然。盖《语》《孟》所记，本皆此一时语，而所记有异同耳。孔子如蔡及叶。有叶公问答子路不对、沮溺耦耕、荷莜丈人等事。《史记》云："于是楚昭王使人聘孔子，孔子将往拜礼，而陈蔡大夫发徒围之，故孔子绝粮于陈蔡之间。"有愠见及告子贡一贯之语。按是时陈蔡臣服于楚，若楚王来聘孔子，陈蔡大夫安敢围之。且据《论语》，绝粮当在去卫如陈之时。楚昭王将以书社地封孔子，令尹子西不可，乃止。《史记》云"书社地七百里"，恐无此理，时则有接舆之歌。又反乎卫，时灵公已卒，卫君辄欲得孔子为政。有鲁卫兄弟及答子贡夷齐、子路正名之语。而冉求为季氏将，与齐战有功，康子乃召孔子，而孔子归鲁，实哀公之十一年丁巳，而孔子年六十八矣。有对哀公及康子语。然鲁终不能用孔子，孔子亦不求仕，乃叙《书传》《礼记》。有杞宋、损益、从周等语。删《诗》正《乐》，有语大师及乐正之语。序《易》'彖''系''象''说卦''文言'。有假我数年之语。弟子盖三千焉，身通六艺者七十二人。弟子颜回最贤，蚤死，后惟曾参得传孔子之道。十四年庚申，鲁西狩获麟，有莫我知之叹。孔子作《春秋》。有知我罪我等语，《论语》请讨陈恒事，亦在是年。明年辛酉，子路死于卫。十六年壬戌四月己丑，孔子卒，年七十三，葬鲁城北泗上。弟子皆服心丧三年而去，惟子贡庐于冢上，凡六年。孔子生鲤，字伯鱼，先卒。伯鱼生伋，字子思，作《中庸》。"子思学于曾子，而孟子受业子思之门人。

何氏曰："《鲁论语》二十篇。《齐论语》别有《问王》《知道》，凡二十二篇，其二十篇中章句，颇多于《鲁论》。《古论》出孔氏壁中，分《尧曰》下章子张问以为一篇，有两《子张》，凡二十一篇，篇次不与齐、鲁《论》同。"

程子曰："《论语》之书，成于有子曾子之门人，故其书独二子以子称。"

程子曰:"读《论语》: 有读了全然无事者;有读了后其中得一两句喜者;有读了后知好之者;有读了后直有不知手之舞之、足之蹈之者。"

程子曰:"今人不会读书。如读《论语》,未读时是此等人,读了后又只是此等人,便是不曾读。"

程子曰:"颐自十七八读《论语》,当时已晓文义。读之愈久,但觉意味深长。"

读《论语》《孟子》法

程子曰:“学者当以《论语》《孟子》为本。《论语》《孟子》既治,则《六经》可不治而明矣。读书者当观圣人所以作经之意,与圣人所以用心,圣人之所以至于圣人,而吾之所以未至者、所以未得者,句句而求之,昼诵而味之,中夜而思之,平其心,易其气,阙其疑,则圣人之意可见矣。”

程子曰:“凡看文字,须先晓其文义,然后可以求其意。未有不晓文义而见意者也。”

程子曰:“学者须将《论语》中诸弟子问处便作自己问,圣人答处便作今日耳闻,自然有得。虽孔、孟复生,不过以此教人。若能于《语》《孟》中深求玩味,将来涵养成甚生气质!”

程子曰:“凡看《语》《孟》,且须熟读玩味。须将圣人言语切己,不可只作一场话说。人只看得二书切己,终身尽多也。”

程子曰:“《论》《孟》只剩读着便自意足。学者须是玩味。若以语言解着,意便不足。”

或问:“且将《论》《孟》紧要处看,如何?”程子曰:“固是好,但终是不浃洽耳。”

程子曰:“孔子言语句句是自然,孟子言语句句是事实。”

程子曰:“学者先读《论语》《孟子》,如尺度权衡相似,以此去量度事物,自然见得长短轻重。”

程子曰:“读《论语》《孟子》而不知道,所谓‘虽多,亦奚以为’。”

卷　一

学 而 第 一

此为书之首篇，故所记多务本之意，乃入道之门、积德之基、学者之先务也。凡十六章。

子曰："学而时习之，不亦说乎？说、悦同。学之为言效也。人性皆善，而觉有先后，后觉者必效先觉之所为，乃可以明善而复其初也。习，鸟数飞也。学之不已，如鸟数飞也。说，喜意也。既学而又时时习之，则所学者熟，而中心喜说，其进自不能已矣。程子曰："习，重习也。时复思绎，浃洽于中，则说也。"又曰："学者，将以行之也。时习之，则所学者在我，故说。"谢氏曰："时习者，无时而不习。坐如尸，坐时习也；立如齐，立时习也。"有朋自远方来，不亦乐乎？乐，音洛。朋，同类也。自远方来，则近者可知。程子曰："以善及人，而信从者众，故可乐。"又曰："说在心，乐主发散在外。"人不知而不愠，不亦君子乎？"愠，纡问反。愠，含怒意。君子，成德之名。尹氏曰："学在己，知不知在人，何愠之有？"程子曰："虽乐于及人，不见是而无闷，乃所谓君子。"愚谓及人而乐者顺而易，不知而不愠者逆而难，故惟成德者能之。然德之所以成，亦曰学之正、习之熟、说之深而不已焉耳。程子曰："乐由说而后得，非乐不足以语君子。"

有子曰："其为人也孝弟，而好犯上者，鲜矣；不好犯上，而好作乱者，未之有也。弟、好，皆去声。鲜，上声，下同。有子，孔子弟子，名若。善事父母为孝，善事兄长为弟。犯上，谓干犯在上之人。鲜，少也。作乱，则为悖逆争斗之事矣。此言人能孝弟，则其心和顺，少好犯上，必不好作乱也。君子务本，本立而道生。孝弟也者，其为仁之本与！”与，平声。务，专力也。本，犹根也。仁者，爱之理，心之德也。为仁，犹曰行仁。与者，疑辞，谦退不敢质言也。言君子凡事专用力于根本，根本既立，则其道自生。若上文所谓孝弟，乃是为仁之本，学者务此，则仁道自此而生也。程子曰：“孝弟，顺德也，故不好犯上，岂复有逆理乱常之事。德有本，本立则其道充大。孝弟行于家，而后仁爱及于物，所谓亲亲而仁民也。故为仁以孝弟为本。论性，则以仁为孝弟之本。”或问：“孝弟为仁之本，此是由孝弟可以至仁否？”曰：“非也。谓行仁自孝弟始，孝弟是仁之一事。谓之行仁之本则可，谓是仁之本则不可。盖仁是性也，孝弟是用也，性中只有个仁、义、礼、智四者而已，曷尝有孝弟来？然仁主于爱，爱莫大于爱亲，故曰孝弟也者，其为仁之本与！”

子曰：“巧言令色，鲜矣仁！”巧，好。令，善也。好其言，善其色，致饰于外，务以悦人，则人欲肆而本心之德亡矣。圣人辞不迫切，专言鲜，则绝无可知，学者所当深戒也。程子曰：“知巧言令色之非仁，则知仁矣。”

曾子曰：“吾日三省吾身：为人谋而不忠乎？与朋友交而不信乎？传不习乎？”省，悉井反。为，去声。传，平声。曾子，孔子弟子，名参，字子舆。尽己之谓忠。以实之谓信。传，谓受之于师。习，谓熟之于己。曾子以此三者日省其身，有则改之，无则加勉，其自治诚切如此，可谓得为学之本矣。而三者之序，则又以忠信为传习之本也。尹氏曰：“曾子守约，故动必求诸身。”谢氏曰：“诸子之学，皆出于圣人，其后愈远而愈失其真。独曾子之学，专用心于内，故传之无弊，观于子思、孟子可见矣。惜乎！其嘉言善行，不尽传于世也。其幸存而未泯者，学者其可不尽心乎！”

子曰：“道千乘之国：敬事而信，节用而爱人，使民以时。”道、乘，皆去声。道，治也。马氏云：“八百家出车一乘。”①千乘，诸侯之国，其地可出兵车千乘者也。敬者，主一无适之谓。敬事而信者，敬其事而信于民也。时，谓农隙之时。言治国之要，在此五者，亦务本之意也。程子曰：“此言至浅，然当时诸侯果能此，亦足以治其国矣。圣人言虽至近，上下皆通。此三言者，若推其极，尧、舜之治亦不过此。若常人之言近，则浅近而已矣。”杨氏曰：“上不敬则下慢，不信则下疑，下慢而疑，事不立矣。敬事而信，以身先之也。《易》曰：‘节以制度，不伤财，不害民。’盖侈用则伤财，伤财必至于害民，故爱民必先于节用。然使之不以其时，则力本者不获自尽，虽有爱人之心，而人不被其泽矣。然此特论其所存而已，未及为政也。苟无是心，则虽有政，不行焉。”胡氏曰：“凡此数者，又皆以敬为主。”愚谓五者反复相因，各有次第，读者宜细推之。

子曰：“弟子入则孝，出则弟，谨而信，泛爱众，而亲仁。行有余力，则以学文。”弟子之弟，上声。则弟之弟，去声。谨者，行之有常也。信者，言之

① “马氏云：‘八百家出车一乘。’”十字原文缺，今据宋本、清内府本补入。

有实也。泛,广也。众,谓众人。亲,近也。仁,谓仁者。余力,犹言暇日。以,用也。文,谓《诗》《书》六艺之文。程子曰:“为弟子之职,力有余则学文,不修其职而先文,非为己之学也。”尹氏曰:“德行,本也。文艺,末也。穷其本末,知所先后,可以入德矣。”洪氏曰:“未有余力而学文,则文灭其质;有余力而不学文,则质胜而野。”愚谓力行而不学文,则无以考圣贤之成法,识事理之当然,而所行或出于私意,非但失之于野而已。

子夏曰:“贤贤易色,事父母能竭其力,事君能致其身,与朋友交言而有信。虽曰未学,吾必谓之学矣。”子夏,孔子弟子,姓卜,名商。贤人之贤,而易其好色之心,好善有诚也。致,犹委也。委致其身,谓不有其身也。四者皆人伦之大者,而行之必尽其诚,学求如是而已。故子夏言有能如是之人,苟非生质之美,必其务学之至。虽或以为未尝为学,我必谓之已学也。游氏曰:“三代之学,皆所以明人伦也。能是四者,则于人伦厚矣。学之为道,何以加此。子夏以文学名,而其言如此,则古人之所谓学者可知矣。故《学而》一篇,大抵皆在于务本。”吴氏曰:“子夏之言,其意善矣。然辞气之间,抑扬太过,其流之弊,将或至于废学。必若上章夫子之言,然后为无弊也。”

子曰:“君子不重则不威,学则不固。重,厚重。威,威严。固,坚固也。轻乎外者,必不能坚乎内,故不厚重则无威严,而所学亦不坚固也。主忠信。人不忠信,则事皆无实,为恶则易,为善则难,故学者必以是为主焉。程子曰:“人道惟在忠信,不诚则无物,且出入无时,莫知其乡者,人心也。若无忠信,岂复有物乎?”无友不如己者。无、毋通,禁止辞也。友所以辅仁,不如己,则无益而有损。过则勿惮改。”勿,亦禁止之辞。惮,畏难也。自治不勇,则恶日长,故有过则当速改,不可畏难而苟安也。程子曰:“学问之道无他也,知其不善,则速改以从善而已。”程子曰:“君子自修之道当如是也。”游氏曰:“君子之道,以威重为质,而学以成之。学之道,必以忠信为主,而以胜己者辅之。然或吝于改过,则终无以入德,而贤者亦未必乐告以善道,故以过勿惮改终焉。”

曾子曰:“慎终追远,民德归厚矣。”慎终者,丧尽其礼。追远者,祭尽其诚。民德归厚,谓下民化之,其德亦归于厚。盖终者,人之所易忽也,而能谨之;远者,人之所易忘也,而能追之:厚之道也。故以此自为,则己之德厚,下民化之,则其德亦归于厚也。

子禽问于子贡曰:“夫子至于是邦也,必闻其政,求之与?抑与之与?”之与之与,平声,下同。子禽,姓陈,名亢。子贡,姓端木,名赐。皆孔子弟子。或曰:“亢,子贡弟子。”未知孰是。抑,反语辞。子贡曰:“夫子温、良、恭、俭、让以得之。夫子之求之也,其诸异乎人之求之与?”温,和厚也。良,易直也。恭,庄敬也。俭,节制也。让,谦逊也。五者,夫子之盛德光辉接于人者也。其诸,语辞也。人,他人也。言夫子未尝求之,但其德容如是,故时君敬信,自以其政就而问之耳,非若他人必求之而后得也。圣人过化存神之妙,未易窥测,然即此而观,则其德盛礼恭而不愿乎外,亦可见矣。学者所当潜心而勉学也。谢氏曰:"学者观于圣人威仪之间,亦可以进德矣。若子贡亦可谓善观圣人矣,亦可谓善言德行矣。今去圣人千五百年,以此五者想见其形容,尚能使人兴起,而况于亲炙之者乎?"张敬夫曰:"夫子至是邦必闻其政,而未有能委国而授之以政者。盖见圣人之仪刑而乐告之者,秉彝好德之良心也,而私欲害之,是以终不能用耳。"

子曰:"父在,观其志;父没,观其行;三年无改于父之道,可谓孝矣。"行,去声。父在,子不得自专,而志则可知。父没,然后其行可见,故观此足以知其人之善恶。然又必能三年无改于父之道,乃见其孝。不然,则所行虽善,亦不得为孝矣。尹氏曰:"如其道,虽终身无改可也。如其非道,何待三年?然则三年无改者,孝子之心有所不忍故也。"游氏曰:"三年无改,亦谓在所当改而可以未改者耳。"

有子曰:"礼之用,和为贵。先王之道斯为美,小大由之。礼者,天理之节文,人事之仪则也。和者,从容不迫之意。盖礼之为体虽严,而皆出于自然之理,故其为用,必从容而不迫,乃为可贵。先王之道,此其所以为美,而小事大事无不由之也。有所不行,知和而和,不以礼节之,亦不可行也。"承上文而言,如此而复有所不行者,以其徒知和之为贵而一于和,不复以礼节之,则亦非复理之本然矣,所以流荡忘反,而亦不可行也。程子曰:"礼胜则离,故礼之用和为贵。先王之道以斯为美,而小大由之。乐胜则流,故有所不行者,知和而和,不以礼节之,亦不可行。"范氏曰:"凡礼之体主于敬,而其用则以和为贵。敬者,礼之所以立也;和者,乐之所由生也。若有子可谓达礼乐之本矣。"愚谓严而泰,和而节,此理之自然,礼之全体也。毫厘有差,则失其中正,而各倚于一偏,其不可行均矣。

有子曰:"信近于义,言可复也;恭近于礼,远耻辱也;因不失其亲,亦可宗也。"近、远,皆去声。信,约信也。义者,事之宜也。复,践言也。恭,致敬也。礼,节文也。因,犹依也。宗,犹主也。言约信而合其宜,则言必可践矣。致恭而中其节,则能远耻辱矣。所依者不失其可亲之人,则亦可以宗而主之矣。此言人之言行交际,皆当谨之于始而虑其所终,不然,则因仍苟且之间,将有不胜其自失之悔者矣。

子曰:"君子食无求饱,居无求安,敏于事而慎于言,就有道而正焉,可谓好学也已。"好,去声。不求安饱者,志有在而不暇及也。敏于事者,勉其所不足。慎于言者,不敢尽其所有余也。然犹不敢自是,而必就有道之人,以正其是非,则可谓好学矣。凡言道者,皆谓事物当然之理,人之所共由者也。尹氏曰:"君子之学,能是四者,可谓笃志力行者矣。然不取正于有道,未免有差,如杨、墨学仁义而差者也,其流至于无父无君,谓之好学可乎?"

子贡曰:"贫而无谄,富而无骄,何如?"子曰:"可也。未若贫而乐,富而好礼者也。"乐,音洛。好,去声。谄,卑屈也。骄,矜肆也。常人溺于贫富之中,而不知所以自守,故必有二者之病。无谄无骄,则知自守矣,而未能超乎贫富之外也。凡曰可者,仅可而有所未尽之辞也。乐则心广体胖而忘其贫,好礼则安处善,乐循理,亦不自知其富矣。子贡货殖,盖先贫后富,而尝用力于自守者,故以此为问。而夫子答之如此,盖许其所已能,而勉其所未至也。子贡曰:"《诗》云:'如切如磋,如琢如磨。'其斯之谓与?"磋,七多反。与,平声。《诗·卫风·淇澳》之篇,言治骨角者,既切之而复磋之;治玉石者,既琢之而复磨之;治之已精,而益求其精也。子贡自以无谄无骄为至矣,闻夫子之言,又知义理之无穷,虽有得焉,而未可遽自足也,故引是诗以明之。子曰:"赐也,始可与言《诗》已矣!告诸往而知来者。"往者,其所已言者。来者,其所未言者。愚按:此章问答,其浅深高下,固不待辨说而明矣。然不切则磋无所施,不琢则磨无所措。故学者虽不可安于小成,而不求造道之极致;亦不可骛于虚远,而不察切己之实病也。

子曰:"不患人之不己知,患不知人也。"尹氏曰:"君子求在我者,故不患人之不己知。不知人,则是非邪正或不能辨,故以为患也。"

为政第二

凡二十四章。

子曰:"为政以德,譬如北辰,居其所而众星共之。"共,音拱,亦作拱。政之为言正也,所以正人之不正也。德之为言得也,得于心而不失也。北辰,北极,天之枢也。居其所,不动也。共,向也,言众星四面旋绕而归向之也。为政以德,则无为而天下归之,其象如此。程子曰:"为政以德,然后无为。"范氏曰:"为政以德,则不动而化、不言而信、无为而成。所守者至简而能御烦,所处者至静而能制动,所务者至寡而能服众。"

子曰:"《诗》三百,一言以蔽之,曰'思无邪'。"《诗》三百十一篇,言三百者,举大数也。蔽,犹盖也。"思无邪",《鲁颂·駉》篇之辞。凡《诗》之言,善者可以感发人之善心,恶者可以惩创人之逸志,其用归于使人得其情性之正而已。然其言微婉,且或各因一事而发,求其直指全体,则未有若此之明且尽者。故夫子言《诗》三百篇,而惟此一言足以尽盖其义,其示人之意亦深切矣。程子曰:"'思无邪'者,诚也。"范氏曰："学者必务知要，知要则能守约，守约则足以尽博矣。经礼三百，曲礼三千，亦可以一言以蔽之，曰'毋不敬'。"

子曰："道之以政，齐之以刑，民免而无耻；道，音导，下同。道，犹引导，谓先之也。政，谓法制禁令也。齐，所以一之也。道之而不从者，有刑以一之也。免而无耻，谓苟免刑罚而无所羞愧，盖虽不敢为恶，而为恶之心未尝忘也。道之以德，齐之以礼，有耻且格。"礼，谓制度品节也。格，至也。言躬行以率之，则民固有所观感而兴起矣，而其浅深厚薄之不一者，又有礼以一之，则民耻于不善，而又有以至于善也。一说，格，正也。《书》曰："格其非心。"愚谓政者，为治之具。刑者辅治之法，德、礼则所以出治之本，而德又礼之本也。此其相为终始，虽不可以偏废，然政、刑能使民远罪而已，德、礼之效，则有以使民日迁善而不自知。故治民者不可徒恃其末，又当深探其本也。

子曰："吾十有五而志于学，古者十五而入大学。心之所之谓之志。此所谓学，即大学之道也。志乎此，则念念在此而为之不厌矣。三十而立，有以自立，则守之固而无所事志矣。四十而不惑，于事物之所当然，皆无所疑，则知之明而无所事守矣。五十而知天命，天命，即天道之流行而赋于物者，乃事物所以当然之故也。知此则知极其精，而不惑又不足言矣。六十而耳顺，声入心通，无所违逆，知之之至，不思而得也。七十而从心所欲，不逾矩。"从，如字。从，随也。矩，法度之器，所以为方者也。随其心之所欲，而自不过于法度，安而行之，不勉而中也。程子曰："孔子生而知之也，言亦由学而至，所以勉进后人也。立，能自立于斯道也。不惑，则无所疑矣。知天命，穷理尽性也。耳顺，所闻皆通也。从心所欲，不逾矩，则不勉而中矣。"又曰："孔子自言其进德之序如此者，圣人未必然，但为学者立法，使之盈科而后进，成章而后达耳。"胡氏曰："圣人之教亦多术，然其要使人不失其本心而已。欲得此心者，惟志乎圣人所示之学，循其序而进焉。至于一疵不存、万理明尽之后，则其日用之间，本心莹然，随所意欲，莫非至理。盖心即体，欲即用，体即道，用即义，声为律而身为度矣。"又曰："圣人言此，一以示学者当优游涵泳，不可躐等而进；二以示学者当日就月将，不可半途而废也。"愚谓圣人生知安行，固无积累之渐，然其心未尝自谓已至此也。是其日用之间，必有独觉其进而人不及知者。故因其近似以自名，欲学者以是为则而自勉，非心实自圣而姑为是退托也。后凡言谦辞之属，意皆放此。

孟懿子问孝。子曰："无违。"孟懿子，鲁大夫仲孙氏，名何忌。无违，谓不背于理。樊迟御，子告之曰："孟孙问孝于我，我对曰'无违'。"樊迟，孔子弟子，名须。御，为孔子御车也。孟孙，即仲孙也。夫子以懿子未达而不能问，恐其失指，而以从亲之令为孝，故语樊迟以发之。樊迟曰："何谓也？"子曰："生，事之以礼；死，葬之以礼，祭之以礼。”生事葬祭，事亲之始终具矣。礼，即理之节文也。人之事亲，自始至终，一于礼而不苟，其尊亲也至矣。是时三家僭礼，故夫子以是警之，然语意浑然，又若不专为三家发者，所以为圣人之言也。胡氏曰：“人之欲孝其亲，心虽无穷，而分则有限。得为而不为，与不得为而为之，均于不孝。所谓以礼者，为其所得为者而已矣。”

孟武伯问孝。子曰：“父母唯其疾之忧。”武伯，懿子之子，名彘。言父母爱子之心，无所不至，惟恐其有疾病，常以为忧也。人子体此，而以父母之心为心，则凡所以守其身者，自不容于不谨矣，岂不可以为孝乎？旧说，人子能使父母不以其陷于不义为忧，而独以其疾为忧，乃可谓孝。亦通。

子游问孝。子曰：“今之孝者，是谓能养。至于犬马，皆能有养；不敬，何以别乎？”养，去声。别，彼列反。子游，孔子弟子，姓言，名偃。养，谓饮食供奉也。犬马待人而食，亦若养然。言人畜犬马，皆能有以养之，若能养其亲而敬不至，则与养犬马者何异？甚言不敬之罪，所以深警之也。胡氏曰：“世俗事亲，能养足矣。狎恩恃爱，而不知其渐流于不敬，则非小失也。子游圣门高弟，未必至此，圣人直恐其爱逾于敬，故以是深警发之也。”

子夏问孝。子曰：“色难。有事弟子服其劳，有酒食先生馔，曾是以为孝乎？”食，音嗣。色难，谓事亲之际，惟色为难也。食，饭也。先生，父兄也。馔，饮食之也。曾，犹尝也。盖孝子之有深爱者，必有和气；有和气者，必有愉色；有愉色者，必有婉容。故事亲之际，惟色为难耳，服劳奉养，未足为孝也。旧说，承顺父母之色为难。亦通。程子曰：“告懿子，告众人者也。告武伯者，以其人多可忧之事。子游能养而或失于敬，子夏能直义而或少温润之色。各因其材之高下，与其所失而告之，故不同也。”

子曰：“吾与回言终日，不违如愚。退而省其私，亦足以发。回也不愚。”回，孔子弟子，姓颜，字子渊。不违者，意不相背，有听受而无问难也。私，谓燕居独处，非进见请问之时。发，谓发明所言之理。愚闻之师曰：“颜子深潜淳粹，其于圣人体段已具。其闻夫子之言，默识心融，触处洞然，自有条理。故终日言，但见其不违如愚人而已。及退省其私，则见其日用动静语默之间，皆足以发明夫子之道，坦然由之而无疑，然后知其不愚也。”

子曰：“视其所以，以，为也。为善者为君子，为恶者为小人。观其所由，观，比视为详矣。由，从也。事虽为善，而意之所从来者有未善焉，则亦不得为君子矣。或曰：“由，行也。谓所以行其所为者也。”察其所安。察，则又加详矣。安，所乐也。所由虽善，而心之所乐者不在于是，则亦伪耳，岂能久而不变哉？人焉廋哉？人焉廋哉？”焉，于虔反。廋，所留反。焉，何也。廋，匿也。重言以深明之。程子曰：“在己者能知言穷理，则能以此察人如圣人也。”

子曰：“温故而知新，可以为师矣。”温，寻绎也。故者，旧所闻。新者，今所得。言学能时习旧闻，而每有新得，则所学在我，而其应不穷，故可以为人师。若夫记问之学，则无得于心，而所知有限，故《学记》讥其“不足以为人师”，正与此意互相发也。

子曰：“君子不器。”器者，各适其用而不能相通。成德之士，体无不具，故用无不周，非特为一才一艺而已。

子贡问君子。子曰：“先行其言而后从之。”周氏曰：“先行其言者，行之于未言之前；而后从之者，言之于既行之后。”范氏曰：“子贡之患，非言之艰而行之艰，故告之以此。”

子曰：“君子周而不比，小人比而不周。”周，普遍也。比，偏党也。皆与人亲厚之意，但周公而比私耳。君子小人所为不同，如阴阳昼夜，每每相反。然究其所以分，则在公私之际，毫厘之差耳。故圣人于周比、和同、骄泰之属，常对举而互言之，欲学者察乎两间，而审其取舍之几也。

子曰：“学而不思则罔，思而不学则殆。”不求诸心，故昏而无得。不习其事，故危而不安。程子曰：“博学、审问、慎思、明辨、笃行五者，废其一，非学也。”

子曰：“攻乎异端，斯害也已！”范氏曰：“攻，专治也，故治木石金玉之工曰攻。异端，非圣人之道，而别为一端，如杨、墨是也。其率天下至于无父无君，专治而欲精之，为害甚矣！”程子曰：“佛氏之言，比之杨、墨，尤为近理，所以其害为尤甚。学者当如淫声美色以远之，不尔，则骎骎然入于其中矣。”

子曰：“由！诲女知之乎！知之为知之，不知为不知，是知也。”女，音汝。由，孔子弟子，姓仲，字子路。子路好勇，盖有强其所不知以为知者，故夫子告之曰：我教女以知之之道乎！但所知者则以为知，所不知者则以为不知。如此则虽或不能尽知，而无自欺之蔽，亦不害其为知矣。况由此而求之，又有可知之理乎？

子张学干禄。子张，孔子弟子，姓颛孙，名师。干，求也。禄，仕者之奉也。子曰：“多闻阙疑，慎言其余，则寡尤；多见阙殆，慎行其余，则寡悔。言寡尤，行寡悔，禄在其中矣。”行寡之行，去声。吕氏曰：“疑者所未信，殆者所未安。”程子曰：“尤，罪自外至者也。悔，理自内出者也。”愚谓多闻见者学之博，阙疑殆者择之精，慎言行者守之约。凡言在其中者，皆不求而自至之辞。言此以救子张之失而进之也。程子曰：“修天爵则人爵至，君子言行能谨，得禄之道也。子张学干禄，故告之以此，使定其心而不为利禄动，若颜、闵则无此问矣。或疑如此亦有不得禄者，孔子盖曰耕也馁在其中，惟理可为者为之而已矣。”

哀公问曰：“何为则民服？”孔子对曰：“举直错诸枉，则民服；举枉错诸直，则民不服。”哀公，鲁君，名蒋。凡君问，皆称孔子对曰者，尊君也。错，舍置也。诸,众也。程子曰:“举错得义,则人心服。”谢氏曰:“好直而恶枉,天下之至情也。顺之则服,逆之则去,必然之理也。然或无道以照之,则以直为枉、以枉为直者多矣。是以君子大居敬而贵穷理也。”

季康子问:“使民敬、忠以劝,如之何?”子曰:“临之以庄则敬,孝慈则忠,举善而教不能则劝。”季康子,鲁大夫季孙氏,名肥。庄,谓容貌端严也。临民以庄,则民敬于己。孝于亲,慈于众,则民忠于己。善者举之,而不能者教之,则民有所劝而乐于为善。张敬夫曰:“此皆在我所当为,非为欲使民敬、忠以劝而为之也。然能如是,则其应盖有不期然而然者矣。”

或谓孔子曰:“子奚不为政?”定公初年,孔子不仕,故或人疑其不为政也。子曰:“《书》云:‘孝乎惟孝,友于兄弟,施于有政。’是亦为政,奚其为为政?”《书·周书·君陈》篇。《书》云孝乎者,言《书》之言孝如此也。善兄弟曰友。《书》言君陈能孝于亲,友于兄弟,又能推广此心,以为一家之政。孔子引之,言如此,则是亦为政矣,何必居位乃为为政乎?盖孔子之不仕,有难以语或人者,故托此以告之,要之至理亦不外是。

子曰:“人而无信,不知其可也。大车无輗,小车无軏,其何以行之哉?”輗,五兮反。軏,音月。大车,谓平地任载之车。輗,辕端横木,缚轭以驾牛者。小车,谓田车、兵车、乘车。軏,辕端上曲,钩衡以驾马者。车无此二者,则不可以行,人而无信,亦犹是也。

子张问:“十世可知也?”陆氏曰:“也,一作乎。”王者易姓受命为一世。子张问自此以后,十世之事,可前知乎?子曰:“殷因于夏礼,所损益,可知也;周因于殷礼,所损益,可知也;其或继周者,虽百世可知也。”马氏曰:“所因,谓三纲五常。所损益,谓文质三统。”愚按:三纲,谓君为臣纲,父为子纲,夫为妻纲。五常,谓仁、义、礼、智、信。文质,谓夏尚忠,商尚质,周尚文。三统,谓夏正建寅为人统,商正建丑为地统,周正建子为天统。三纲五常,礼之大体,三代相继,皆因之而不能变。其所损益,不过文章制度小过不及之间,而其已然之迹,今皆可见。则自今以往,或有继周而王者,虽百世之远,所因所革,亦不过此,岂但十世而已乎!圣人所以知来者盖如此,非若后世谶纬术数之学也。胡氏曰:“子张之问,盖欲知来,而圣人言其既往者以明之也。夫自修身以至于为天下,不可一日而无礼。天叙天秩,人所共由,礼之本也。商不能改乎夏,周不能改乎商,所谓天地之常经也。若乃制度文为,或太过则当损,或不足则当益,益之损之,与时宜之,而所因者不坏,是古今之通义也。因往推来,虽百世之远,不过如此而已矣。”

子曰:“非其鬼而祭之,谄也。非其鬼,谓非其所当祭之鬼。谄,求媚也。见义不为,无勇也。”知而不为,是无勇也。

卷　二

八佾第三

凡二十六章。通前篇末二章，皆论礼乐之事。

孔子谓季氏："八佾舞于庭，是可忍也，孰不可忍也？"佾，音逸。季氏，鲁大夫季孙氏也。佾，舞列也，天子八、诸侯六、大夫四、士二。每佾人数，如其佾数。或曰："每佾八人。"未详孰是。季氏以大夫而僭用天子之乐，孔子言其此事尚忍为之，则何事不可忍为。或曰："忍，容忍也。"盖深疾之之辞。范氏曰："乐舞之数，自上而下，降杀以两而已，故两之间，不可以毫发僭差也。孔子为政，先正礼乐，则季氏之罪不容诛矣。"谢氏曰："君子于其所不当为不敢须臾处，不忍故也。而季氏忍此矣，则虽弑父与君，亦何所惮而不为乎？"

三家者以《雍》彻。子曰："'相维辟公，天子穆穆'，奚取于三家之堂？"彻，直列反。相，去声。三家，鲁大夫孟孙、叔孙、季孙之家也。《雍》，《周颂》篇名。彻，祭毕而收其俎也。天子宗庙之祭，则歌《雍》以彻，是时三家僭而用之。相，助也。辟公，诸侯也。穆穆，深远之意，天子之容也。此《雍》诗之词，孔子引之，言三家之堂非有此事，亦何取于此义而歌之乎？讥其无知妄作，以取僭窃之罪。程子曰："周公之功固大矣，皆臣子之分所当为，鲁安得独用天子礼乐哉？成王之赐，伯禽之受，皆非也。其因袭之弊，遂使季氏僭八佾，三家僭《雍》彻，故仲尼讥之。"

子曰："人而不仁，如礼何？人而不仁，如乐何？"游氏曰："人而不仁，则人心亡矣，其如礼乐何哉？言虽欲用之，而礼乐不为之用也。"程子曰："仁者天下之正理。失正理，则无序而不和。"李氏曰："礼乐待人而后行，苟非其人，则虽玉帛交错，钟鼓铿锵，亦将如之何哉？”然记者序此于八佾《雍》彻之后，疑其为僭礼乐者发也。

林放问礼之本。林放，鲁人。见世之为礼者，专事繁文，而疑其本之不在是也，故以为问。子曰：“大哉问！孔子以时方逐末，而放独有志于本，故大其问。盖得其本，则礼之全体无不在其中矣。礼，与其奢也，宁俭；丧，与其易也，宁戚。”易，去声。易，治也。孟子曰：“易其田畴。”在丧礼，则节文习熟，而无哀痛惨怛之实者也。戚则一于哀，而文不足耳。礼贵得中，奢易则过于文，俭戚则不及而质，二者皆未合礼。然凡物之理，必先有质而后有文，则质乃礼之本也。范氏曰：“夫祭与其敬不足而礼有余也，不若礼不足而敬有余也；丧与其哀不足而礼有余也，不若礼不足而哀有余也。礼失之奢，丧失之易，皆不能反本，而随其末故也。礼奢而备，不若俭而不备之愈也；丧易而文，不若戚而不文之愈也。俭者物之质，戚者心之诚，故为礼之本。”杨氏曰：“礼始诸饮食，故污尊而抔饮，为之簠、簋、笾、豆、罍、爵之饰，所以文之也，则其本俭而已。丧不可以径情而直行，为之衰麻哭踊之数，所以节之也，则其本戚而已。周衰，世方以文灭质，而林放独能问礼之本，故夫子大之，而告之以此。”

子曰：“夷狄之有君，不如诸夏之亡也。”吴氏曰：“亡，古无字，通用。”程子曰：“夷狄且有君长，不如诸夏之僭乱，反无上下之分也。”尹氏曰：“孔子伤时之乱而叹之也。亡，非实亡也，虽有之，不能尽其道尔。”

季氏旅于泰山。子谓冉有曰：“女弗能救与？”对曰：“不能。”子曰：“呜呼！曾谓泰山，不如林放乎？”女，音汝。与，平声。旅，祭名。泰山，山名，在鲁地。礼，诸侯祭封内山川，季氏祭之，僭也。冉有，孔子弟子，名求，时为季氏宰。救，谓救其陷于僭窃之罪。呜呼，叹辞。言神不享非礼，欲季氏知其无益而自止，又进林放以厉冉有也。范氏曰：“冉有从季氏，夫子岂不知其不可告也，然而圣人不轻绝人。尽己之心，安知冉有之不能救、季氏之不可谏也。既不能正，则美林放以明泰山之不可诬，是亦教诲之道也。”

子曰：“君子无所争，必也射乎！揖让而升，下而饮，其争也君子。”饮，去声。揖让而升者，《大射》之礼，耦进三揖而后升堂也。下而饮，谓射毕揖降，以俟众耦皆降①，胜者乃揖不胜者升，取觯立饮也。言君子恭逊不与人争，惟于射而后有争。然其争也，雍容揖逊乃如此，则其争也君子，而非若小人之争矣。

子夏问曰：“‘巧笑倩兮，美目盼兮，素以为绚兮。’何谓也？”倩，七练反。盼，普苋反。绚，呼县反。此逸诗也。倩，好口辅也。盼，目黑白分也。素，粉地，画之质也。绚，采色，画之饰也。言人有此倩盼之美质，而又加以华采之饰，如有素地而加采色也。子夏疑其反谓以素为饰，故问之。子曰：“绘事后素。”绘，胡对

① “降”，宋本作“毕”。

反。绘事，绘画之事也。后素，后于素也。《考工记》曰："绘画之事后素功。"谓先以粉地为质，而后施五采，犹人有美质，然后可加文饰。曰："礼后乎？"子曰："起予者商也！始可与言《诗》已矣。"礼必以忠信为质，犹绘事必以粉素为先。起，犹发也。起予，言能起发我之志意。谢氏曰："子贡因论学而知《诗》，子夏因论《诗》而知学，故皆可与言《诗》。"杨氏曰："'甘受和，白受采，忠信之人，可以学礼。苟无其质，礼不虚行。'此'绘事后素'之说也。孔子曰'绘事后素'，而子夏曰'礼后乎'，可谓能继其志矣。非得之言意之表者能之乎？商、赐可与言《诗》者以此。若夫玩心于章句之末，则其为《诗》也固而已矣。所谓起予，则亦相长之义也。"

子曰："夏礼吾能言之，杞不足征也；殷礼吾能言之，宋不足征也。文献不足故也。足则吾能征之矣。"杞，夏之后。宋，殷之后。征，证也。文，典籍也。献，贤也。言二代之礼，我能言之，而二国不足取以为证，以其文献不足故也。文献若足，则我能取之，以证吾言矣。

子曰："禘自既灌而往者，吾不欲观之矣。"禘，大计反。赵伯循曰："禘，王者之大祭也。王者既立始祖之庙，又推始祖所自出之帝，祀之于始祖之庙，而以始祖配之也。成王以周公有大勋劳，赐鲁重祭。故得禘于周公之庙，以文王为所出之帝，而周公配之，然非礼矣。"灌者，方祭之始，用郁鬯之酒灌地，以降神也。鲁之君臣，当此之时，诚意未散，犹有可观，自此以后，则浸以懈怠而无足观矣。盖鲁祭非礼，孔子本不欲观，至此而失礼之中又失礼焉，故发此叹也。谢氏曰："夫子尝曰：'我欲观夏道，是故之杞，而不足征也；我欲观商道，是故之宋，而不足征也。'又曰：'我观周道，幽、厉伤之，吾舍鲁何适矣？鲁之郊禘非礼也，周公其衰矣！'考之杞、宋已如彼，考之当今又如此，孔子所以深叹也。"

或问禘之说。子曰："不知也。知其说者之于天下也，其如示诸斯乎！"指其掌。先王报本追远之意，莫深于禘。非仁孝诚敬之至，不足以与此，非或人之所及也。而不王不禘之法，又鲁之所当讳者，故以不知答之。示，与视同。指其掌，弟子记夫子言此而自指其掌，言其明且易也。盖知禘之说，则理无不明，诚无不格，而治天下不难矣。圣人于此，岂真有所不知也哉？

祭如在，祭神如神在。程子曰："祭，祭先祖也。祭神，祭外神也。祭先主于孝，祭神主于敬。"愚谓此门人记孔子祭祀之诚意。子曰："吾不与祭，如不祭。"与，去声。又记孔子之言以明之。言己当祭之时，或有故不得与，而使他人摄之，则不得致其如在之诚。故虽已祭，而此心缺然，如未尝祭也。范氏曰："君子之祭，七日戒，三日齐，必见所祭者，诚之至也。是故郊则天神格，庙则人鬼享，皆由己以致之也。有其诚则有其神，无其诚则无其神，可不谨乎？吾不与祭如不祭，诚为实，礼为虚也。"

王孙贾问曰："与其媚于奥，宁媚于灶，何谓也？"王孙贾，卫大夫。

媚，亲顺也。室西南隅为奥。灶者，五祀之一，夏所祭也。凡祭五祀，皆先设主而祭于其所，然后迎尸而祭于奥，略如祭宗庙之仪。如祀灶，则设主于灶陉，祭毕，而更设馔于奥以迎尸也。故时俗之语，因以奥有常尊，而非祭之主；灶虽卑贱，而当时用事。喻自结于君，不如阿附权臣也。贾，卫之权臣，故以讽孔子。子曰："不然，获罪于天，无所祷也。"天，即理也；其尊无对，非奥、灶之可比也。逆理，则获罪于天矣，岂媚于奥、灶所能祷而免乎？言但当顺理，非特不当媚灶，亦不可媚于奥也。谢氏曰："圣人之言，逊而不迫。使王孙贾而知此意，不为无益；使其不知，亦非所以取祸。"

子曰："周监于二代，郁郁乎文哉！吾从周。"郁，于六反。监，视也。二代，夏、商也。言其视二代之礼而损益之。郁郁，文盛貌。尹氏曰："三代之礼，至周大备，夫子美其文而从之。"

子入大庙，每事问。或曰："孰谓鄹人之子知礼乎？入大庙，每事问。"子闻之曰："是礼也。"大，音泰。鄹，侧留反。大庙，鲁周公庙。此盖孔子始仕之时，入而助祭也。鄹，鲁邑名。孔子父叔梁纥，尝为其邑大夫。孔子自少以知礼闻，故或人因此而讥之。孔子言是礼者，敬谨之至，乃所以为礼也。尹氏曰："礼者，敬而已矣。虽知亦问，谨之至也，其为敬莫大于此。谓之不知礼者，岂足以知孔子哉？"

子曰："射不主皮，为力不同科，古之道也。"为，去声。射不主皮，《乡射》礼文。为力不同科，孔子解礼之意如此也。皮，革也，布侯而栖革于其中以为的，所谓鹄也。科，等也。古者射以观德，但主于中，而不主于贯革，盖以人之力有强弱，不同等也。《记》曰："武王克商，散军郊射，而贯革之射息。"正谓此也。周衰礼废，列国兵争，复尚贯革，故孔子叹之。杨氏曰："中可以学而能，力不可以强而至。圣人言古之道，所以正今之失。"

子贡欲去告朔之饩羊。去，起吕反。告，古笃反。饩，许气反。告朔之礼：古者天子常以季冬颁来岁十二月之朔于诸侯，诸侯受而藏之祖庙。月朔，则以特羊告庙，请而行之。饩，生牲也。鲁自文公始不视朔，而有司犹供此羊，故子贡欲去之。子曰："赐也，尔爱其羊，我爱其礼。"爱，犹惜也。子贡盖惜其无实而妄费。然礼虽废，羊存，犹得以识之而可复焉。若并去其羊，则此礼遂亡矣，孔子所以惜之。杨氏曰："告朔，诸侯所以禀命于君亲，礼之大者。鲁不视朔矣，然羊存则告朔之名未泯，而其实因可举。此夫子所以惜之也。"

子曰："事君尽礼，人以为谄也。"黄氏曰："孔子于事君之礼，非有所加也，如是而后尽尔。时人不能，反以为谄，故孔子言之，以明礼之当然也。"程子曰："圣人事君尽礼，当时以为谄。若他人言之，必曰我事君尽礼，小人以为谄，而孔子之言止于如此。圣人道大德宏，此亦可见。"

定公问："君使臣，臣事君，如之何？"孔子对曰："君使臣以礼，臣事君以忠。”定公,鲁君,名宋。二者皆理之当然,各欲自尽而已。吕氏曰:“使臣不患其不忠,患礼之不至;事君不患其无礼,患忠之不足。”尹氏曰:“君臣以义合者也。故君使臣以礼,则臣事君以忠。”

子曰:“《关雎》,乐而不淫,哀而不伤。”乐,音洛。《关雎》《周南》《国风》,《诗》之首篇也。淫者,乐之过而失其正者也。伤者,哀之过而害于和者也。《关雎》之诗,言后妃之德,宜配君子。求之未得,则不能无寤寐反侧之忧;求而得之,则宜其有琴瑟钟鼓之乐。盖其忧虽深而不害于和,其乐虽盛而不失其正,故夫子称之如此。欲学者玩其辞,审其音,而有以识其性情之正也。

哀公问社于宰我。宰我对曰:“夏后氏以松,殷人以柏,周人以栗,曰使民战栗。”宰我,孔子弟子,名予。三代之社不同者,古者立社,各树其土之所宜木以为主也。战栗,恐惧貌。宰我又言周所以用栗之意如此。岂以古者戮人于社,故附会其说与?子闻之曰:“成事不说,遂事不谏,既往不咎。”遂事,谓事虽未成,而势不能已者。孔子以宰我所对,非立社之本意,又启时君杀伐之心,而其言已出,不可复救,故历言此以深责之,欲使谨其后也。尹氏曰:“古者各以所宜木名其社,非取义于木也。宰我不知而妄对,故夫子责之。”

子曰:“管仲之器小哉!”管仲,齐大夫,名夷吾,相桓公霸诸侯。器小,言其不知圣贤大学之道,故局量褊浅、规模卑狭,不能正身修德以致主于王道。或曰:“管仲俭乎?”曰:“管氏有三归,官事不摄,焉得俭?”焉,于虔反。或人盖疑器小之为俭。三归,台名。事见《说苑》。摄,兼也。家臣不能具官,一人常兼数事,管仲不然。皆言其侈。“然则管仲知礼乎?”曰:“邦君树塞门,管氏亦树塞门;邦君为两君之好,有反坫,管氏亦有反坫。管氏而知礼,孰不知礼?”好,去声。坫,丁念反。或人又疑不俭为知礼。屏谓之树。塞,犹蔽也。设屏于门,以蔽内外也。好,谓好会。坫,在两楹之间,献酬饮毕,则反爵于其上。此皆诸侯之礼,而管仲僭之,不知礼也。愚谓孔子讥管仲之器小,其旨深矣。或人不知而疑其俭,故斥其奢以明其非俭。或又疑其知礼,故又斥其僭,以明其不知礼。盖虽不复明言小器之所以然,而其所以小者,于此亦可见矣。故程子曰:“奢而犯礼,其器之小可知。盖器大,则自知礼而无此失矣。”此言当深味也。苏氏曰:“自修身正家以及于国,则其本深,其及者远,是谓大器。扬雄所谓‘大器犹规矩准绳’,先自治而后治人者是也。管仲三归反坫,桓公内嬖六人,而霸天下,其本固已浅矣。管仲死,威公薨,天下不复宗齐。”杨氏曰:“夫子大管仲之功而小其器。盖非王佐之才,虽能合诸侯、正天下,其器不足称也。道学不明,而王霸之略混为一途。故闻管仲之器小,则疑其为俭,以不俭告之,则又疑其知礼。盖世方以诡遇为功,而不知为之范,则不悟其小宜矣。”

子语鲁大师乐。曰:“乐其可知也:始作,翕如也;从之,纯如也，皦如也，绎如也，以成。”语，去声。大，音泰。从，音纵。语，告也。大师，乐官名。时音乐废缺，故孔子教之。翕，合也。从，放也。纯，和也。皦，明也。绎，相续不绝也。成，乐之一终也。谢氏曰：“五音六律不具，不足以为乐。翕如，言其合也。五音合矣，清浊高下，如五味之相济而后和，故曰纯如。合而和矣，欲其无相夺伦，故曰皦如，然岂宫自宫而商自商乎？不相反而相连，如贯珠可也，故曰绎如也，以成。”

仪封人请见。曰：“君子之至于斯也，吾未尝不得见也。”从者见之。出曰：“二三子，何患于丧乎？天下之无道也久矣，天将以夫子为木铎。”请见、见之之见，贤遍反。从、丧，皆去声。仪，卫邑。封人，掌封疆之官，盖贤而隐于下位者也。君子，谓当时贤者。至此皆得见之，自言其平日不见绝于贤者，而求以自通也。见之，谓通使得见。丧，谓失位去国，礼曰“丧欲速贫”是也。木铎，金口木舌，施政教时所振，以警众者也。言乱极当治，天必将使夫子得位设教，不久失位也。封人一见夫子而遽以是称之，其所得于观感之间者深矣。或曰：“木铎所以徇于道路，言天使夫子失位，周流四方以行其教，如木铎之徇于道路也。”

子谓《韶》，“尽美矣，又尽善也”。谓《武》，“尽美矣，未尽善也”。《韶》，舜乐。《武》，武王乐。美者，声容之盛。善者，美之实也。舜绍尧致治，武王伐纣救民，其功一也，故其乐皆尽美。然舜之德，性之也，又以揖逊而有天下；武王之德，反之也，又以征诛而得天下，故其实有不同者。程子曰：“成汤放桀，惟有惭德，武王亦然，故未尽善。尧、舜、汤、武，其揆一也。征伐非其所欲，所遇之时然尔。”

子曰：“居上不宽，为礼不敬，临丧不哀，吾何以观之哉？”居上主于爱人，故以宽为本。为礼以敬为本，临丧以哀为本。既无其本，则以何者而观其所行之得失哉？

里仁第四

凡二十六章。

子曰：“里仁为美。择不处仁，焉得知？”处，上声。焉，于虔反。知，去声。里有仁厚之俗为美。择里而不居于是焉，则失其是非之本心，而不得为知矣。

子曰：“不仁者不可以久处约，不可以长处乐。仁者安仁，知者利仁。”乐，音洛。知，去声。约，穷困也。利，犹贪也，盖深知笃好而必欲得之也。不仁之人，失其本心，久约必滥，久乐必淫。惟仁者则安其仁而无适不然，知者则利于仁而不易所守,盖虽深浅之不同,然皆非外物所能夺矣。谢氏曰:"仁者心无内外远近精粗之间,非有所存而自不亡,非有所理而自不乱,如目视而耳听,手持而足行也。知者谓之有所见则可,谓之有所得则未可。有所存斯不亡,有所理斯不乱,未能无意也。安仁则一,利仁则二。安仁者非颜、闵以上,去圣人为不远,不知此味也。诸子虽有卓越之才,谓之见道不惑则可,然未免于利之也。"

子曰:"唯仁者能好人,能恶人。"好、恶,皆去声。唯之为言独也。盖无私心,然后好恶当于理,程子所谓"得其公正"是也。游氏曰:"好善而恶恶,天下之同情,然人每失其正者,心有所系而不能自克也。惟仁者无私心,所以能好恶也。"

子曰:"苟志于仁矣,无恶也。"恶,如字。苟,诚也。志者,心之所之也。其心诚在于仁,则必无为恶之事矣。杨氏曰:"苟志于仁,未必无过举也,然而为恶则无矣。"

子曰:"富与贵,是人之所欲也,不以其道得之,不处也;贫与贱,是人之所恶也,不以其道得之,不去也。恶,去声。不以其道得之,谓不当得而得之。然于富贵则不处,于贫贱则不去,君子之审富贵而安贫贱也如此。君子去仁,恶乎成名?恶,平声。言君子所以为君子,以其仁也。若贪富贵而厌贫贱,则是自离其仁,而无君子之实矣,何所成其名乎?君子无终食之间违仁,造次必于是,颠沛必于是。"造,七到反。沛,音贝。终食者,一饭之顷。造次,急遽苟且之时。颠沛,倾覆流离之际。盖君子之不去乎仁如此,不但富贵、贫贱、取舍之间而已也。言君子为仁,自富贵、贫贱、取舍之间,以至于终食、造次、颠沛之顷,无时无处而不用其力也。然取舍之分明,然后存养之功密;存养之功密,则其取舍之分益明矣。

子曰:"我未见好仁者,恶不仁者。好仁者,无以尚之;恶不仁者,其为仁矣,不使不仁者加乎其身。好、恶,皆去声。夫子自言未见好仁者、恶不仁者。盖好仁者真知仁之可好,故天下之物无以加之。恶不仁者真知不仁之可恶,故其所以为仁者,必能绝去不仁之事,而不使少有及于其身。此皆成德之事,故难得而见之也。有能一日用其力于仁矣乎?我未见力不足者。言好仁、恶不仁者,虽不可见,然或有人果能一旦奋然用力于仁,则我又未见其力有不足者。盖为仁在己,欲之则是,而志之所至,气必至焉。故仁虽难能,而至之亦易也。盖有之矣,我未之见也。"盖,疑辞。有之,谓有用力而力不足者。盖人之气质不同,故疑亦容或有此昏弱之甚、欲进而不能者,但我偶未之见耳。盖不敢终以为易,而又叹人之莫肯用力于仁也。此章言仁之成德,虽难其人,然学者苟能实用其力,则亦无不可至之理。但用力而不至者,今亦未见其人焉,此夫子所以反复而叹惜之也。

子曰:"人之过也,各于其党。观过,斯知仁矣。"党,类也。程子曰:

"人之过也，各于其类。君子常失于厚，小人常失于薄；君子过于爱，小人过于忍。"尹氏曰："于此观之，则人之仁不仁可知矣。"吴氏曰："后汉吴祐谓：'掾以亲故：受污辱之名，所谓观过知仁。'是也。"愚按：此亦但言人虽有过，犹可即此而知其厚薄，非谓必俟其有过，而后贤否可知也。

子曰："朝闻道，夕死可矣。"道者，事物当然之理。苟得闻之，则生顺死安，无复遗恨矣。朝夕，所以甚言其时之近。程子曰："言人不可以不知道，苟得闻道，虽死可也。"又曰："皆实理也，人知而信者为难。死生亦大矣！非诚有所得，岂以夕死为可乎？"

子曰："士志于道，而耻恶衣恶食者，未足与议也。"心欲求道，而以口体之奉不若人为耻，其识趣之卑陋甚矣，何足与议于道哉？程子曰："志于道而心役乎外，何足与议也？"

子曰："君子之于天下也，无适也，无莫也，义之与比。"适，丁历反。比，必二反。适，专主也。《春秋传》曰"吾谁适从"是也。莫，不肯也。比，从也。谢氏曰："适，可也。莫，不可也。无可无不可，苟无道以主之，不几于猖狂自恣乎？此佛老之学，所以自谓心无所住而能应变，而卒得罪于圣人也。圣人之学不然，于无可无不可之间，有义存焉。然则君子之心，果有所倚乎？"

子曰："君子怀德，小人怀土；君子怀刑，小人怀惠。"怀，思念也。怀德，谓存其固有之善。怀土，谓溺其所处之安。怀刑，谓畏法。怀惠，谓贪利。君子小人趣向不同，公私之间而已。尹氏曰："乐善恶不善，所以为君子；苟安务得，所以为小人。"

子曰："放于利而行，多怨。"放，上声。孔氏曰："放，依也。多怨，谓多取怨。"程子曰："欲利于己，必害于人，故多怨。"

子曰："能以礼让为国乎？何有？不能以礼让为国，如礼何？"让者，礼之实也。何有，言不难也。言有礼之实以为国，则何难之有，不然，则其礼文虽具，亦且无如之何矣，而况于为国乎？

子曰："不患无位，患所以立；不患莫己知，求为可知也。"所以立，谓所以立乎其位者。可知，谓可以见知之实。程子曰："君子求其在己者而已矣。"

子曰："参乎！吾道一以贯之。"曾子曰："唯。"参，所金反。唯，上声。参乎者，呼曾子之名而告之。贯，通也。唯者，应之速而无疑者也。圣人之心，浑然一理，而泛应曲当，用各不同。曾子于其用处，盖已随事精察而力行之，但未知其体之一尔。夫子知其真积力久，将有所得，是以呼而告之。曾子果能默契其指，即应之速而无疑也。子出。门人问曰："何谓也？"曾子曰："夫子之道，忠恕而已矣。"尽己之谓忠，推己之谓恕。而已矣者，竭尽而无余之辞也。夫子之一理浑然而泛应曲当，譬则天地之至诚无息，而万物各得其所也。自此之外，固无余法，而亦无待于推矣。曾子有见于此而难言之，故借学者尽己、推己之目以著明之，欲人之易晓也。盖至诚无息者，道之体也，万殊之所以一本也；万物各得其所者，道之用也，一本之所以万殊也。以此观之，一以贯之之实可见矣。或曰："中心为忠，如心为恕。"于义亦通。程子曰："以己及物，仁也；推己及物，恕也，违道不远是也。忠恕一以贯之：忠者天道，恕者人道；忠者无妄，恕者所以行乎忠也；忠者体，恕者用，大本达道也。此与违道不远异者，动以天尔。"又曰："'维天之命，于穆不已'，忠也；'乾道变化，各正性命'，恕也。"又曰："圣人教人各因其才，吾道一以贯之，惟曾子为能达此，孔子所以告之也。曾子告门人曰：'夫子之道，忠恕而已矣。'亦犹夫子之告曾子也。《中庸》所谓'忠恕违道不远'，斯乃下学上达之义。"

子曰："君子喻于义，小人喻于利。"喻，犹晓也。义者，天理之所宜。利者，人情之所欲。程子曰："君子之于义，犹小人之于利也。唯其深喻，是以笃好。"杨氏曰："君子有舍生而取义者，以利言之，则人之所欲无甚于生，所恶无甚于死，孰肯舍生而取义哉？其所喻者义而已，不知利之为利故也，小人反是。"

子曰："见贤思齐焉，见不贤而内自省也。"省，悉井反。思齐者，冀己亦有是善；内自省者，恐己亦有是恶。胡氏曰："见人之善恶不同，而无不反诸身者，则不徒羡人而甘自弃，不徒责人而忘自责矣。"

子曰："事父母几谏，见志不从，又敬不违，劳而不怨。"此章与《内则》之言相表里。几，微也。微谏，所谓"父母有过，下气怡色，柔声以谏"也。见志不从，又敬不违，所谓"谏若不入，起敬起孝，悦则复谏"也。劳而不怨，所谓"与其得罪于乡、党、州、闾，宁熟谏。父母怒不悦，而挞之流血，不敢疾怨，起敬起孝"也。

子曰："父母在，不远游，游必有方。"远游，则去亲远而为日久，定省旷而音问疏；不惟己之思亲不置，亦恐亲之念我不忘也。游必有方，如已告云之东，即不敢更适西，欲亲必知己之所在而无忧，召己则必至而无失也。范氏曰："子能以父母之心为心，则孝矣。"

子曰："三年无改于父之道，可谓孝矣。"胡氏曰："已见首篇，此盖复出而逸其半也。"

子曰："父母之年，不可不知也。一则以喜，一则以惧。"知，犹记忆也。常知父母之年，则既喜其寿，又惧其衰，而于爱日之诚，自有不能已者。

子曰："古者言之不出，耻躬之不逮也。"言古者，以见今之不然。逮，及也。行不及言，可耻之甚。古者所以不出其言，为此故也。范氏曰："君子之于言也，不得已而后出之，非言之难，而行之难也。人惟其不行也，是以轻言之。言之如其所行，行之如其所言，则出诸其口必不易矣。"

子曰："以约失之者鲜矣。"鲜，上声。谢氏曰："不侈然以自放之谓约。"尹氏曰："凡事约则鲜失，非止谓俭约也。"

子曰："君子欲讷于言而敏于行。"行，去声。谢氏曰："放言易，故欲讷；力行难，故欲敏。"胡氏曰："自吾道一贯至此十章，疑皆曾子门人所记也。"

子曰："德不孤，必有邻。"邻，犹亲也。德不孤立，必以类应。故有德者，必有其类从之，如居之有邻也。

子游曰："事君数，斯辱矣；朋友数，斯疏矣。"数，色角反。程子曰："数，烦数也。"胡氏曰："事君，谏不行，则当去；导友，善不纳，则当止。至于烦渎，则言者轻，听者厌矣。是以求荣而反辱，求亲而反疏也。"范氏曰："君臣朋友，皆以义合，故其事同也。"

卷　三

公冶长第五

此篇皆论古今人物贤否得失，盖格物穷理之一端也。凡二十七章。胡氏以为疑多子贡之徒所记云。

子谓公冶长："可妻也。虽在缧绁之中，非其罪也。"以其子妻之。妻，去声，下同。缧，力追反。绁，息列反。公冶长，孔子弟子。妻，为之妻也。缧，黑索也。绁，挛也。古者狱中以黑索拘挛罪人。长之为人无所考，而夫子称其可妻，其必有以取之矣。又言其人虽尝陷于缧绁之中，而非其罪，则固无害于可妻也。夫有罪无罪，在我而已，岂以自外至者为荣辱哉？子谓南容："邦有道，不废；邦无道，免于刑戮。"以其兄之子妻之。南容，孔子弟子，居南宫，名縚，又名适，字子容，谥敬叔。孟懿子之兄也。不废，言必见用也。以其谨于言行，故能见用于治朝，免祸于乱世也。事又见第十一篇。或曰："公冶长之贤不及南容，故圣人以其子妻长，而以兄子妻容，盖厚于兄而薄于己也。"程子曰："此以己之私心窥圣人也。凡人避嫌者，皆内不足也，圣人自至公，何避嫌之有？况嫁女必量其才而求配，尤不当有所避也。若孔子之事，则其年之长幼、时之先后皆不可知，惟以为避嫌则大不可。避嫌之事，贤者且不为，况圣人乎？"

子谓子贱："君子哉若人！鲁无君子者，斯焉取斯？"焉，于虔反。子贱，孔子弟子，姓宓，名不齐。上斯斯此人，下斯斯此德。子贱盖能尊贤取友以成其德者。故夫子既叹其贤，而又言若鲁无君子，则此人何所取以成此德乎？因以见鲁之多贤也。苏氏曰："称人之善，必本其父兄师友，厚之至也。"

子贡问曰："赐也何如？"子曰："女，器也。"曰："何器也？"曰：

"瑚琏也。"女,音汝。瑚,音胡。琏,力展反。器者,有用之成材。夏曰瑚,商曰琏,周曰簠簋,皆宗庙盛黍稷之器而饰以玉,器之贵重而华美者也。子贡见孔子以君子许子贱,故以己为问,而孔子告之以此。然则子贡虽未至于不器,其亦器之贵者欤?

或曰:"雍也仁而不佞。"雍,孔子弟子,姓冉,字仲弓。佞,口才也。仲弓为人重厚简默,而时人以佞为贤,故美其优于德,而病其短于才也。子曰:"焉用佞?御人以口给,屡憎于人。不知其仁,焉用佞?"焉,于虔反。御,当也,犹应答也。给,辨也。憎,恶也。言何用佞乎?佞人所以应答人者,但以口取辨而无情实,徒多为人所憎恶尔。我虽未知仲弓之仁,然其不佞乃所以为贤,不足以为病也。再言焉用佞,所以深晓之。或疑仲弓之贤而夫子不许其仁,何也?曰:"仁道至大,非全体而不息者,不足以当之。如颜子亚圣,犹不能无违于三月之后,况仲弓虽贤,未及颜子,圣人固不得而轻许之也。"

子使漆雕开仕。对曰:"吾斯之未能信。"子说。说,音悦。漆雕开,孔子弟子,字子若。斯,指此理而言。信,谓真知其如此,而无毫发之疑也。开自言未能如此,未可以治人,故夫子说其笃志。程子曰:"漆雕开已见大意,故夫子说之。"又曰:"古人见道分明,故其言如此。"谢氏曰:"开之学无可考。然圣人使之仕,必其材可以仕矣。至于心术之微,则一毫不自得,不害其为未信。此圣人所不能知,而开自知之。其材可以仕,而其器不安于小成,他日所就,其可量乎?夫子所以说之也。"

子曰:"道不行,乘桴浮于海。从我者,其由与?"子路闻之喜。子曰:"由也好勇过我,无所取材。"桴,音孚。从、好,并去声。与,平声。材,与裁同,古字借用。桴,筏也。程子曰:"浮海之叹,伤天下之无贤君也。子路勇于义,故谓其能从己,皆假设之言耳。子路以为实然,而喜夫子之与己,故夫子美其勇,而讥其不能裁度事理,以适于义也。"

孟武伯问:"子路仁乎?"子曰:"不知也。"子路之于仁,盖日月至焉者。或在或亡,不能必其有无,故以不知告之。又问。子曰:"由也,千乘之国,可使治其赋也,不知其仁也。"乘,去声。赋,兵也。古者以田赋出兵,故谓兵为赋,《春秋传》所谓"悉索敝赋"是也。言子路之才,可见者如此,仁则不能知也。"求也何如?"子曰:"求也,千室之邑,百乘之家,可使为之宰也,不知其仁也。"千室,大邑。百乘,卿大夫之家。宰,邑长家臣之通号。"赤也何如?"子曰:"赤也,束带立于朝,可使与宾客言也,不知其仁也。"朝,音潮。赤,孔子弟子,姓公西,字子华。

子谓子贡曰:"女与回也孰愈?"女,音汝,下同。愈,胜也。对曰:"赐也何敢望回。回也闻一以知十,赐也闻一以知二。"一,数之始。十,数之终。二者，一之对也。颜子明睿所照，即始而见终；子贡推测而知，因此而识彼。“无所不悦，告往知来”，是其验矣。子曰：“弗如也！吾与女弗如也。”与，许也。胡氏曰：“子贡方人，夫子既语以不暇，又问其与回孰愈，以观其自知之如何。闻一知十，上知之资，生知之亚也。闻一知二，中人以上之资，学而知之之才也。子贡平日以己方回，见其不可企及，故喻之如此。夫子以其自知之明，而又不难于自屈，故既然之，又重许之。此其所以终闻性与天道，不特闻一知二而已也。”

宰予昼寝。子曰：“朽木不可雕也，粪土之墙不可杇也，于予与何诛？”朽，许久反。杇，音污。与，平声，下同。昼寝，谓当昼而寐。朽，腐也。雕，刻画也。杇，镘也。言其志气昏惰，教无所施也。与，语辞。诛，责也。言不足责，乃所以深责之。子曰：“始吾于人也，听其言而信其行；今吾于人也，听其言而观其行。于予与改是。”行，去声。宰予能言而行不逮，故孔子自言于予之事而改此失，亦以重警之也。胡氏曰：“‘子曰’疑衍文，不然，则非一日之言也。”范氏曰：“君子之于学，惟日孜孜，毙而后已，惟恐其不及也。宰予昼寝，自弃孰甚焉？故夫子责之。”胡氏曰：“宰予不能以志帅气，居然而倦。是宴安之气胜，儆戒之志惰也。古之圣贤未尝不以懈惰荒宁为惧，勤励不息自强，此孔子所以深责宰予也。听言观行，圣人不待是而后能，亦非缘此而尽疑学者。特因此立教，以警群弟子，使谨于言而敏于行耳。”

子曰：“吾未见刚者。”或对曰：“申枨。”子曰：“枨也欲，焉得刚？”焉，于虔反。刚，坚强不屈之意，最人所难能者，故夫子叹其未见。申枨，弟子姓名。欲，多嗜欲也。多嗜欲，则不得为刚矣。程子曰：“人有欲则无刚，刚则不屈于欲。”谢氏曰：“刚与欲正相反。能胜物之谓刚，故常伸于万物之上；为物掩之谓欲，故常屈于万物之下。自古有志者少，无志者多，宜夫子之未见也。枨之欲不可知，其为人得非悻悻自好者乎？故或者疑以为刚，然不知此其所以为欲尔。”

子贡曰：“我不欲人之加诸我也，吾亦欲无加诸人。”子曰：“赐也，非尔所及也。”子贡言我所不欲人加于我之事，我亦不欲以此加之于人。此仁者之事，不待勉强，故夫子以为非子贡所及。程子曰：“我不欲人之加诸我，吾亦欲无加诸人，仁也；施诸己而不愿，亦勿施于人，恕也。恕则子贡或能勉之，仁则非所及矣。”愚谓无者自然而然，勿者禁止之谓，此所以为仁恕之别。

子贡曰：“夫子之文章，可得而闻也；夫子之言性与天道，不可得而闻也。”文章，德之见乎外者，威仪、文辞皆是也。性者，人所受之天理；天道者，天理自然之本体，其实一理也。言夫子之文章，日见乎外，固学者所共闻；至于性与天道，则夫子罕言之，而学者有不得闻者。盖圣门教不躐等，子贡至是始得闻之，而叹其美也。程子曰：“此子贡闻夫子之至论而叹美之言也。”

子路有闻，未之能行，唯恐有闻。前所闻者，既未及行，故恐复有所闻而行之不给也。范氏曰:"子路闻善,勇于必行,门人自以为弗及也,故著之。若子路,可谓能用其勇矣。"

子贡问曰:"孔文子何以谓之文也?"子曰:"敏而好学,不耻下问,是以谓之文也。"好,去声。孔文子,卫大夫,名圉。凡人性敏者多不好学,位高者多耻下问。故谥法有以"勤学好问"为文者,盖亦人所难也。孔圉得谥为文,以此而已。苏氏曰:"孔文子使太叔疾出其妻而妻之。疾通于初妻之娣,文子怒,将攻之。访于仲尼,仲尼不对,命驾而行。疾奔宋,文子使疾弟遗室孔姞。其为人如此而谥曰文,此子贡之所以疑而问也。孔子不没其善,言能如此,亦足以为文矣,非经天纬地之文也。"

子谓子产:"有君子之道四焉:其行己也恭,其事上也敬,其养民也惠,其使民也义。"子产,郑大夫公孙侨。恭,谦逊也。敬,谨恪也。惠,爱利也。使民义,如都鄙有章、上下有服、田有封洫、庐井有伍之类。吴氏曰:"数其事而责之者,其所善者多也,臧文仲不仁者三、不知者三是也。数其事而称之者,犹有所未至也,子产有君子之道四焉是也。今或以一言盖一人、一事盖一时,皆非也。"

子曰:"晏平仲善与人交,久而敬之。"晏平仲,齐大夫,名婴。程子曰:"人交久则敬衰,久而能敬,所以为善。"

子曰:"臧文仲居蔡,山节藻棁,何如其知也?"棁,章悦反。知,去声。臧文仲,鲁大夫臧孙氏,名辰。居,犹藏也。蔡,大龟也。节,柱头斗栱也。藻,水草名。棁,梁上短柱也。盖为藏龟之室,而刻山于节、画藻于棁也。当时以文仲为知,孔子言其不务民义,而谄渎鬼神如此,安得为知?《春秋传》所谓作虚器,即此事也。张子曰:"山节藻棁为藏龟之室,祀爰居之义,同归于不知,宜矣。"

子张问曰:"令尹子文三仕为令尹,无喜色;三已之,无愠色。旧令尹之政,必以告新令尹。何如?"子曰:"忠矣。"曰:"仁矣乎?"曰:"未知,焉得仁?"知,如字。焉,于虔反。令尹,官名,楚上卿执政者也。子文,姓斗,名谷于菟。其为人也,喜怒不形,物我无间,知有其国而不知有其身,其忠盛矣,故子张疑其仁。然其所以三仕三已而告新令尹者,未知其皆出于天理而无人欲之私也。是以夫子但许其忠,而未许其仁也。"崔子弑齐君,陈文子有马十乘,弃而违之。至于他邦,则曰:'犹吾大夫崔子也。'违之。之一邦,则又曰:'犹吾大夫崔子也。'违之。何如?"子曰:"清矣。"曰:"仁矣乎?"曰:"未知,焉得仁?"乘,去声。崔子,齐大夫,名杼。齐君,庄公,名光。陈文子,亦齐大夫,名须无。十乘,四十匹也。违,去也。文子洁身去乱,可谓清矣,然未知其心果见义理之当然,而能脱然无所累乎?抑不得已于利害之私,而犹未免于怨悔也。故夫子特许其清,而不许其仁。愚闻之师曰:"当理而无私心,则仁矣。"今以是而观二子之事，虽其制行之高若不可及，然皆未有以见其必当于理，而真无私心也。子张未识仁体，而悦于苟难，遂以小者信其大者，夫子之不许也宜哉。读者于此，更以上章“不知其仁”、后篇“仁则吾不知”之语并与三仁夷齐之事观之，则彼此交尽，而仁之为义可识矣。今以他书考之，子文之相楚，所谋者无非僭王猾夏之事。文子之仕齐，既失正君讨贼之义，又不数岁而复反于齐焉，则其不仁亦可见矣。

季文子三思而后行。子闻之，曰：“再，斯可矣。”三，去声。季文子，鲁大夫，名行父。每事必三思而后行，若使晋而求遭丧之礼以行，亦其一事也。斯，语辞。程子曰：“为恶之人，未尝知有思，有思则为善矣。然至于再则已审，三则私意起而反惑矣，故夫子讥之。”愚按：季文子虑事如此，可谓详审，而宜无过举矣。而宣公篡立，文子乃不能讨，反为之使齐而纳赂焉，岂非程子所谓私意起而反惑之验与？是以君子务穷理而贵果断，不徒多思之为尚。

子曰：“宁武子，邦有道则知，邦无道则愚。其知可及也，其愚不可及也。”知，去声。宁武子，卫大夫，名俞。按《春秋传》，武子仕卫，当文公、成公之时。文公有道，而武子无事可见，此其知之可及也。成公无道，至于失国，而武子周旋其间，尽心竭力，不避艰险。凡其所处，皆智巧之士所深避而不肯为者，而能卒保其身以济其君，此其愚之不可及也。程子曰：“邦无道能沉晦以免患，故曰不可及也。亦有不当愚者，比干是也。”

子在陈曰：“归与！归与！吾党之小子狂简，斐然成章，不知所以裁之。”与，平声。斐，音匪。此孔子周流四方，道不行而思归之叹也。吾党小子，指门人之在鲁者。狂简，志大而略于事也。斐，文貌。成章，言其文理成就有可观者。裁，割正也。夫子初心，欲行其道于天下，至是而知其终不用也。于是始欲成就后学，以传道于来世。又不得中行之士而思其次，以为狂士志意高远，犹或可与进于道也。但恐其过中失正，而或陷于异端耳，故欲归而裁之也。

子曰：“伯夷、叔齐不念旧恶，怨是用希。”伯夷、叔齐，孤竹君之二子。孟子称其“不立于恶人之朝，不与恶人言。与乡人立，其冠不正，望望然去之，若将浼焉”。其介如此，宜若无所容矣。然其所恶之人，能改即止，故人亦不甚怨之也。程子曰：“不念旧恶，此清者之量。”又曰：“二子之心，非夫子孰能知之？”

子曰：“孰谓微生高直？或乞醯焉，乞诸其邻而与之。”醯，呼西反。微生，姓；高，名；鲁人，素有直名者。醯，醋也。人来乞时，其家无有，故乞诸邻家以与之。夫子言此，讥其曲意徇物，掠美市恩，不得为直也。程子曰：“微生高所枉虽小，害直为大。”范氏曰：“是曰是、非曰非、有谓有、无谓无，曰直。圣人观人于其一介之取予，而千驷万钟从可知焉。故以微事断之，所以教人不可不谨也。”

子曰：“巧言、令色、足恭，左丘明耻之，丘亦耻之。匿怨而友其人,左丘明耻之,丘亦耻之。"足,将树反。足,过也。程子曰:"左丘明,古之闻人也。"谢氏曰:"二者之可耻,有甚于穿窬也。左丘明耻之,其所养可知矣。夫子自言'丘亦耻之',盖窃比老彭之意。又以深戒学者,使察乎此而立心以直也。"

颜渊、季路侍。子曰:"盍各言尔志?"盍,音合。盍,何不也。子路曰:"愿车马、衣轻裘,与朋友共,敝之而无憾。"衣,去声。衣,服之也。裘,皮服。敝,坏也。憾,恨也。颜渊曰:"愿无伐善,无施劳。"伐,夸也。善,谓有能。施,亦张大之意。劳,谓有功,《易》曰"劳而不伐"是也。或曰:"劳,劳事也。劳事非己所欲,故亦不欲施之于人。"亦通。子路曰:"愿闻子之志。"子曰:"老者安之,朋友信之,少者怀之。"老者养之以安,朋友与之以信,少者怀之以恩。一说:安之,安我也;信之,信我也;怀之,怀我也。亦通。程子曰:"夫子安仁,颜渊不违仁,子路求仁。"又曰:"子路、颜渊、孔子之志,皆与物共者也,但有小大之差尔。"又曰:"子路勇于义者,观其志,岂可以势利拘之哉?亚于浴沂者也。颜子不自私己,故无伐善;知同于人,故无施劳。其志可谓大矣,然未免出于有意也。至于夫子,则如天地之化工,付与万物而己不劳焉,此圣人之所为也。今夫羁靮以御马而不以制牛,人皆知羁靮之作在乎人,而不知羁靮之生由于马,圣人之化,亦犹是也。先观二子之言,后观圣人之言,分明天地气象。凡看《论语》,非但欲理会文字,须要识得圣贤气象。"

子曰:"已矣乎!吾未见能见其过而内自讼者也。"已矣乎者,恐其终不得见而叹之也。内自讼者,口不言而心自咎也。人有过而能自知者鲜矣,知过而能内自讼者为尤鲜。能内自讼,则其悔悟深切而能改必矣。夫子自恐终不得见而叹之,其警学者深矣。

子曰:"十室之邑,必有忠信如丘者焉,不如丘之好学也。"焉,如字,属上句。好,去声。十室,小邑也。忠信如圣人,生质之美者也。夫子生知,而未尝不好学,故言此以勉人。言美质易得,至道难闻,学之至则可以为圣人,不学则不免为乡人而已。可不勉哉?

雍也第六

凡二十八章。篇内第十四章以前,大意与前篇同。

子曰:"雍也可使南面。"南面者,人君听治之位。言仲弓宽洪简重,有人君之度也。仲弓问子桑伯子,子曰:"可也简。"子桑伯子,鲁人,胡氏以为疑即庄周所称子桑户者是也。仲弓以夫子许己南面,故问伯子如何。可者,仅可而有所未尽之辞。简者,不烦之谓。**仲弓曰:"居敬而行简,以临其民,不亦可乎?居简而行简,无乃大简乎?"**大,音泰。言自处以敬,则中有主而自治严,如是而行简以临民,则事不烦而民不扰,所以为可。若先自处以简,则中无主而自治疏矣,而所行又简,岂不失之太简,而无法度之可守乎?《家语》记伯子不衣冠而处,夫子讥其欲同人道于牛马。然则伯子盖太简者,而仲弓疑夫子之过许与?**子曰:"雍之言然。"**仲弓盖未喻夫子可字之意,而其所言之理,有默契焉者,故夫子然之。程子曰:"子桑伯子之简,虽可取而未尽善,故夫子云可也。仲弓因言内主于敬而简,则为要直;内存乎简而简,则为疏略,可谓得其旨矣。"又曰:"居敬则心中无物,故所行自简;居简则先有心于简,而多一简字矣,故曰太简。"

哀公问:"弟子孰为好学?"孔子对曰:"有颜回者好学,不迁怒,不贰过。不幸短命死矣!今也则亡,未闻好学者也。"好,去声。亡,与无同。迁,移也。贰,复也。怒于甲者,不移于乙;过于前者,不复于后。颜子克己之功至于如此,可谓真好学矣。短命者,颜子三十二而卒也。既云今也则亡,又言未闻好学者,盖深惜之,又以见真好学者之难得也。程子曰:"颜子之怒,在物不在己,故不迁。有不善未尝不知,知之未尝复行,不贰过也。"又曰:"喜怒在事,则理之当喜怒者也,不在血气则不迁。若舜之诛四凶也,可怒在彼,己何与焉。如鉴之照物,妍媸在彼,随物应之而已,何迁之有?"又曰:"如颜子地位,岂有不善?所谓不善,只是微有差失。才差失便能知之,才知之便更不萌作。"张子曰:"慊于己者,不使萌于再。"或曰:"《诗》《书》六艺,七十子非不习而通也,而夫子独称颜子为好学。颜子之所好,果何学欤?"程子曰:"学以至乎圣人之道也。""学之道奈何?"曰:"天地储精,得五行之秀者为人。其本也真而静。其未发也五性具焉,曰仁、义、礼、智、信。形既生矣,外物触其形而动于中矣。其中动而七情出焉,曰喜、怒、哀、惧、爱、恶、欲。情既炽而益荡,其性凿矣。故觉者约其情使合于中,正其心、养其性而已。然必先明诸心,知所往,然后力行以求至焉。若颜子之非礼勿视、听、言、动,不迁怒贰过者,则其好之笃而学之得其道也。然其未至于圣人者,守之也,非化之也。假之以年,则不日而化矣。今人乃谓圣本生知,非学可至,而所以为学者,不过记诵文辞之间,其亦异乎颜子之学矣。"

子华使于齐,冉子为其母请粟。子曰:"与之釜。"请益。曰:"与之庾。"冉子与之粟五秉。使、为,并去声。子华,公西赤也。使,为孔子使也。釜,六斗四升。庾,十六斗。秉,十六斛。**子曰:"赤之适齐也,乘肥马,衣轻裘。吾闻之也,君子周急不继富。"**衣,去声。乘肥马、衣轻裘,言其富也。急,穷迫也。周者,补不足。继者,续有余。**原思为之宰,与之粟九百,辞。**原思,孔子弟子,名宪。孔子为鲁司寇时,以思为宰。粟,宰之禄也。九百不言其量,不可考。子曰:“毋!以与尔邻里乡党乎!”毋,禁止辞。五家为邻,二十五家为里,万二千五百家为乡,五百家为党。言常禄不当辞,有余自可推之以周贫乏,盖邻里乡党有相周之义。程子曰:“夫子之使子华,子华之为夫子使,义也。而冉子乃为之请,圣人宽容,不欲直拒人。故与之少,所以示不当与也。请益而与之亦少,所以示不当益也。求未达而自与之多,则已过矣,故夫子非之。盖赤苟至乏,则夫子必自周之,不待请矣。原思为宰,则有常禄。思辞其多,故又教以分诸邻里之贫者,盖亦莫非义也。”张子曰:“于斯二者,可见圣人之用财矣。”

子谓仲弓曰:“犁牛之子骍且角,虽欲勿用,山川其舍诸?”犁,利之反。骍,息营反。舍,上声。犁,杂文。骍,赤色。周人尚赤,牲用骍。角,角周正,中牺牲也。用,用以祭也。山川,山川之神也。言人虽不用,神必不舍也。仲弓父贱而行恶,故夫子以此譬之。言父之恶,不能废其子之善,如仲弓之贤,自当见用于世也。然此论仲弓云尔,非与仲弓言也。范氏曰:“以瞽瞍为父而有舜,以鲧为父而有禹。古之圣贤,不系于世类,尚矣。子能改父之过,变恶以为美,则可谓孝矣。”

子曰:“回也,其心三月不违仁,其余则日月至焉而已矣。”三月,言其久。仁者,心之德。心不违仁者,无私欲而有其德也。日月至焉者,或日一至焉,或月一至焉,能造其域而不能久也。程子曰:“三月,天道小变之节,言其久也,过此则圣人矣。不违仁,只是无纤毫私欲。少有私欲,便是不仁。”尹氏曰:“此颜子于圣人未达一间者也,若圣人则浑然无间断矣。”张子曰:“始学之要,当知‘三月不违’与‘日月至焉’内外宾主之辨。使心意勉勉循循而不能已,过此几非在我者。”

季康子问:“仲由可使从政也与?”子曰:“由也果,于从政乎何有?”曰:“赐也可使从政也与?”曰:“赐也达,于从政乎何有?”曰:“求也,可使从政也与?”曰:“求也艺,于从政乎何有?”与,平声。从政,谓为大夫。果,有决断。达,通事理。艺,多才能。程子曰:“季康子问三子之才可以从政乎?夫子答以各有所长。非惟三子,人各有所长。能取其长,皆可用也。”

季氏使闵子骞为费宰。闵子骞曰:“善为我辞焉。如有复我者,则吾必在汶上矣。”费,音秘。为,去声。汶,音问。闵子骞,孔子弟子,名损。费,季氏邑。汶,水名,在齐南鲁北竟上。闵子不欲臣季氏,令使者善为己辞。言若再来召我,则当去之齐。程子曰:“仲尼之门,能不仕大夫之家者,闵子、曾子数人而已。”谢氏曰:“学者能少知内外之分,皆可以乐道而忘人之势。况闵子得圣人为之依归,彼其视季氏不义之富贵,不啻犬彘。又从而臣之,岂其心哉?在圣人则有不然者,盖居乱邦、见恶人,在圣人则可;自圣人以下,刚则必取祸,柔则必取辱。闵子岂不能早见而豫待之乎?如由也不得其死,求也为季氏附益,夫岂其本心哉?盖既无先见之知,又无克乱之才故也。然则闵子其贤乎?”

伯牛有疾，子问之，自牖执其手，曰："亡之，命矣夫！斯人也而有斯疾也！斯人也而有斯疾也！"夫，音扶。伯牛，孔子弟子，姓冉，名耕。有疾，先儒以为癞也。牖，南牖也。礼：病者居北牖下。君视之，则迁于南牖下，使君得以南面视己。时伯牛家以此礼尊孔子，孔子不敢当，故不入其室，而自牖执其手，盖与之永诀也。命，谓天命。言此人不应有此疾，而今乃有之，是乃天之所命也。然则非其不能谨疾而有以致之，亦可见矣。侯氏曰："伯牛以德行称，亚于颜、闵。故其将死也，孔子尤痛惜之。"

子曰："贤哉，回也！一箪食，一瓢饮，在陋巷，人不堪其忧，回也不改其乐。贤哉，回也！"食，音嗣。乐，音洛。箪，竹器。食，饭也。瓢，瓠也。颜子之贫如此，而处之泰然，不以害其乐，故夫子再言"贤哉回也"以深叹美之。程子曰："颜子之乐，非乐箪瓢陋巷也，不以贫窭累其心而改其所乐也，故夫子称其贤。"又曰："箪瓢陋巷非可乐，盖自有其乐尔。其字当玩味，自有深意。"又曰："昔受学于周茂叔，每令寻仲尼、颜子乐处，所乐何事？"愚按：程子之言，引而不发，盖欲学者深思而自得之。今亦不敢妄为之说。学者但当从事于博文约礼之诲，以至于欲罢不能而竭其才，则庶乎有以得之矣。

冉求曰："非不说子之道，力不足也。"子曰："力不足者，中道而废。今女画。"说，音悦。女，音汝。力不足者，欲进而不能。画者，能进而不欲。谓之画者，如画地以自限也。胡氏曰："夫子称颜回不改其乐，冉求闻之，故有是言。然使求说夫子之道，诚如口之说刍豢，则必将尽力以求之，何患力之不足哉？画而不进，则日退而已矣，此冉求之所以局于艺也。"

子谓子夏曰："女为君子儒，无为小人儒。"儒，学者之称。程子曰："君子儒为己，小人儒为人。"谢氏曰："君子小人之分，义与利之间而已。然所谓利者，岂必殖货财之谓？以私灭公，适己自便，凡可以害天理者皆利也。子夏文学虽有余，然意其远者大者或昧焉，故夫子语之以此。"

子游为武城宰。子曰："女得人焉尔乎？"曰："有澹台灭明者，行不由径，非公事，未尝至于偃之室也。"女，音汝。澹，徒甘反。武城，鲁下邑。澹台，姓；灭明，名；字子羽。径，路之小而捷者。公事，如饮射读法之类。不由径，则动必以正，而无见小欲速之意可知。非公事不见邑宰，则其有以自守，而无枉己徇人之私可见矣。杨氏曰："为政以人才为先，故孔子以得人为问。如灭明者，观其二事之小，而其正大之情可见矣。后世有不由径者，人必以为迂；不至其室，人必以为简。非孔氏之徒，其孰能知而取之？"愚谓持身以灭明为法，则无苟贱之羞；取人以子游为法，则无邪媚之惑。

子曰："孟之反不伐，奔而殿。将入门，策其马，曰：'非敢后也，马不进也。'"殿,去声。孟之反,鲁大夫,名侧。胡氏曰:"反即庄周所称孟子反者是也。"伐,夸功也。奔,败走也。军后曰殿。策,鞭也。战败而还,以后为功。反奔而殿,故以此言自掩其功也。事在哀公十一年。谢氏曰:"人能操无欲上人之心,则人欲日消、天理日明,而凡可以矜己夸人者,皆无足道矣。然不知学者欲上人之心无时而忘也,若孟之反,可以为法矣。"

子曰:"不有祝鮀之佞而有宋朝之美,难乎免于今之世矣!"鮀,徒河反。祝,宗庙之官。鮀,卫大夫,字子鱼,有口才。朝,宋公子,有美色。言衰世好谀悦色,非此难免,盖伤之也。

子曰:"谁能出不由户?何莫由斯道也?"言人不能出不由户,何故乃不由此道邪?怪而叹之之辞。洪氏曰:"人知出必由户,而不知行必由道。非道远人,人自远尔。"

子曰:"质胜文则野,文胜质则史。文质彬彬,然后君子。"野,野人,言鄙略也。史,掌文书,多闻习事,而诚或不足也。彬彬,犹班班,物相杂而适均之貌。言学者当损有余,补不足,至于成德,则不期然而然矣。杨氏曰:"文质不可以相胜。然质之胜文,犹言甘可以受和,白可以受采也。文胜而至于灭质,则其本亡矣。虽有文,将安施乎?然则与其史也,宁野。"

子曰:"人之生也直,罔之生也幸而免。"程子曰:"生理本直。罔,不直也,而亦生者,幸而免尔。"

子曰:"知之者不如好之者,好之者不如乐之者。"好,去声。乐,音洛。尹氏曰:"知之者,知有此道也。好之者,好而未得也。乐之者,有所得而乐之也。"张敬夫曰:"譬之五谷,知者知其可食者也,好者食而嗜之者也,乐者嗜之而饱者也。知而不能好,则是知之未至也;好之而未及于乐,则是好之未至也。此古之学者所以自强而不息者欤?"

子曰:"中人以上,可以语上也;中人以下,不可以语上也。"以上之上,上声。语,去声。语,告也。言教人者,当随其高下而告语之,则其言易入而无躐等之弊也。张敬夫曰:"圣人之道,精粗虽无二致,但其施教,则必因其材而笃焉。盖中人以下之质,骤而语之太高,非惟不能以入,且将妄意躐等,而有不切于身之弊,亦终于下而已矣。故就其所及而语之,是乃所以使之切问近思,而渐进于高远也。"

樊迟问知。子曰:"务民之义,敬鬼神而远之,可谓知矣。"问仁。曰:"仁者先难而后获,可谓仁矣。"知、远,皆去声。民,亦人也。获,谓得也。专用力于人道之所宜,而不惑于鬼神之不可知,知者之事也。先其事之所难,而后其效之所得,仁者之心也。此必因樊迟之失而告之。程子曰:"人多信鬼神,惑也。而不信者又不能敬,能敬能远,可谓知矣。"又曰:"先难,克己也。以所难为先,而不计所获，仁也。”吕氏曰：“当务为急，不求所难知；力行所知，不惮所难为。”

子曰：“知者乐水，仁者乐山；知者动，仁者静；知者乐，仁者寿。”知，去声。乐，上二字并五教反，下一字音洛。乐，喜好也。知者达于事理而周流无滞，有似于水，故乐水；仁者安于义理而厚重不迁，有似于山，故乐山。动静以体言，乐寿以效言也。动而不括故乐，静而有常故寿。程子曰：“非体仁知之深者，不能如此形容之。”

子曰：“齐一变，至于鲁；鲁一变，至于道。”孔子之时，齐俗急功利，喜夸诈，乃霸政之余习。鲁则重礼教，崇信义，犹有先王之遗风焉，但人亡政息，不能无废坠尔。道，则先王之道也。言二国之政俗有美恶，故其变而之道有难易。程子曰：“夫子之时，齐强鲁弱，孰不以为齐胜鲁也，然鲁犹存周公之法制。齐由桓公之霸，为从简尚功之治，太公之遗法变易尽矣，故一变乃能至鲁。鲁则修举废坠而已，一变则至于先王之道也。”愚谓二国之俗，惟夫子为能变之而不得试。然因其言以考之，则其施为缓急之序，亦略可见矣。

子曰：“觚不觚，觚哉！觚哉！”觚，音孤。觚，棱也，或曰酒器，或曰木简，皆器之有棱者也。不觚者，盖当时失其制而不为棱也。觚哉觚哉，言不得为觚也。程子曰：“觚而失其形制，则非觚也。举一器，而天下之物莫不皆然。故君而失其君之道，则为不君；臣而失其臣之职，则为虚位。”范氏曰：“人而不仁则非人，国而不治则不国矣。”

宰我问曰：“仁者，虽告之曰：‘井有仁焉。’其从之也？”子曰：“何为其然也？君子可逝也，不可陷也；可欺也，不可罔也。”刘聘君曰“有仁之仁当作人”，今从之。从，谓随之于井而救之也。宰我信道不笃，而忧为仁之蹈①害，故有此问。逝，谓使之往救。陷，谓陷之于井。欺，谓诳之以理之所有。罔，谓昧之以理之所无。盖身在井上，乃可以救井中之人；若从之于井，则不复能救之矣。此理甚明，人所易晓，仁者虽切于救人而不私其身，然不应如此之愚也。

子曰：“君子博学于文，约之以礼，亦可以弗畔矣夫！”夫，音扶。约，要也。畔，背也。君子学欲其博，故于文无不考；守欲其要，故其动必以礼。如此，则可以不背于道矣。程子曰：“博学于文而不约之以礼，必至于汗漫。博学矣，又能守礼而由于规矩，则亦可以不畔道矣。”

子见南子，子路不说。夫子矢之曰：“予所否者，天厌之！天厌之！”说，音悦。否，方九反。南子，卫灵公之夫人，有淫行。孔子至卫，南子请见，孔子辞谢，不得已而见之。盖古者仕于其国，有见其小君之礼。而子路以夫子见此淫乱之人为辱，故不悦。矢，誓也。所，誓辞也，如云“所不与崔、庆者”之类。否，谓不合于礼，不

---

① “蹈”，吴本作“陷”，据宋本、元本、清内府本改。

由其道也。厌,弃绝也。圣人道大德全,无可不可。其见恶人,固谓在我有可见之礼,则彼之不善,我何与焉。然此岂子路所能测哉?故重言以誓之,欲其姑信此而深思以得之也。

子曰:"中庸之为德也,其至矣乎!民鲜久矣。"鲜,上声。中者,无过无不及之名也。庸,平常也。至,极也。鲜,少也。言民少此德,今已久矣。程子曰:"不偏之谓中,不易之谓庸。中者天下之正道,庸者天下之定理。自世教衰,民不兴于行,少有此德久矣。"

子贡曰:"如有博施于民而能济众,何如?可谓仁乎?"子曰:"何事于仁,必也圣乎!尧舜其犹病诸!施,去声。博,广也。仁以理言,通乎上下。圣以地言,则造其极之名也。乎者,疑而未定之辞。病,心有所不足也。言此何止于仁,必也圣人能之乎!则虽尧舜之圣,其心犹有所不足于此也。以是求仁,愈难而愈远矣。夫仁者,己欲立而立人,己欲达而达人。夫,音扶。以己及人,仁者之心也。于此观之,可以见天理之周流而无间矣。状仁之体,莫切于此。能近取譬,可谓仁之方也已。"譬,喻也。方,术也。近取诸身,以己所欲譬之他人,知其所欲亦犹是也,然后推其所欲以及于人,则恕之事而仁之术也。于此勉焉,则有以胜其人欲之私,而全其天理之公矣。程子曰:"医书以手足痿痹为不仁,此言最善名状。仁者以天地万物为一体,莫非己也。认得为己,何所不至;若不属己,自与己不相干。如手足之不仁,气已不贯,皆不属己。故博施济众,乃圣人之功用。仁至难言,故止曰:'己欲立而立人,己欲达而达人,能近取譬,可谓仁之方也已。'欲令如是观仁,可以得仁之体。"又曰:"《论语》言'尧舜其犹病诸'者二。夫博施者,岂非圣人之所欲?然必五十乃衣帛,七十乃食肉。圣人之心,非不欲少者亦衣帛食肉也,顾其养有所不赡尔,此病其施之不博也。济众者,岂非圣人之所欲?然治不过九州。圣人非不欲四海之外亦兼济也,顾其治有所不及尔,此病其济之不众也。推此以求,修己以安百姓,则为病可知。苟以吾治已足,则便不是圣人。"吕氏曰:"子贡有志于仁,徒事高远,未知其方。孔子教以于己取之,庶近而可入。是乃为仁之方,虽博施济众,亦由此进。"

卷　四

述而第七

此篇多记圣人谦己诲人之辞及其容貌行事之实。凡三十七章。

子曰："述而不作，信而好古，窃比于我老彭。"好，去声。述，传旧而已。作，则创始也。故作非圣人不能，而述则贤者可及。窃比，尊之之辞。我，亲之之辞。老彭，商贤大夫，见《大戴礼》，盖信古而传述者也。孔子删《诗》《书》，定《礼》《乐》，赞《周易》，修《春秋》，皆传先王之旧，而未尝有所作也，故其自言如此。盖不惟不敢当作者之圣，而亦不敢显然自附于古之贤人；盖其德愈盛而心愈下，不自知其辞之谦也。然当是时，作者略备，夫子盖集群圣之大成而折衷之。其事虽述，而功则倍于作矣，此又不可不知也。

子曰："默而识之，学而不厌，诲人不倦，何有于我哉？"识，音志，又如字。识，记也。默识，谓不言而存诸心也。一说：识，知也，不言而心解也。前说近是。何有于我，言何者能有于我也。三者已非圣人之极至，而犹不敢当，则谦而又谦之辞也。

子曰："德之不修，学之不讲，闻义不能徙，不善不能改，是吾忧也。"尹氏曰："德必修而后成，学必讲而后明，见善能徙，改过不吝，此四者日新之要也。苟未能之，圣人犹忧，况学者乎？"

子之燕居，申申如也，夭夭如也。燕居，闲暇无事之时。杨氏曰："申申，其容舒也。夭夭，其色愉也。"程子曰："此弟子善形容圣人处也，为申申字说不尽，故更著夭夭字。今人燕居之时，不怠惰放肆，必太严厉。严厉时著此四字不得，怠惰放肆时亦著此四字不得，惟圣人便自有中和之气。"

子曰："甚矣吾衰也！久矣吾不复梦见周公！"复，扶又反。孔子盛时，志欲行周公之道，故梦寐之间，如或见之。至其老而不能行也，则无复是心，而亦无复是梦矣，故因此而自叹其衰之甚也。程子曰："孔子盛时，寤寐常存行周公之道；及其老也，则志虑衰而不可以有为矣。盖存道者心，无老少之异；而行道者身，老则衰也。"

子曰："志于道，志者，心之所之之谓。道，则人伦日用之间所当行者是也。知此而心必之焉，则所适者正，而无他歧之惑矣。据于德，据者，执守之意。德者，得也，得其道于心而不失之谓也。得之于心而守之不失，则终始惟一，而有日新之功矣。依于仁，依者，不违之谓。仁，则私欲尽去而心德之全也。功夫至此而无终食之违，则存养之熟，无适而非天理之流行矣。游于艺。"游者，玩物适情之谓。艺，则礼乐之文，射御书数之法，皆至理所寓，而日用之不可阙者也。朝夕游焉，以博其义理之趣，则应务有余，而心亦无所放矣。此章言人之为学当如是也。盖学莫先于立志，志道，则心存于正而不他；据德，则道得于心而不失；依仁，则德性常用而物欲不行；游艺，则小物不遗而动息有养。学者于此，有以不失其先后之序、轻重之伦焉，则本末兼该，内外交养，日用之间，无少间隙，而涵泳从容，忽不自知其入于圣贤之域矣。

子曰："自行束脩以上，吾未尝无诲焉。"脩，脯也。十脡为束。古者相见，必执贽以为礼，束脩其至薄者。盖人之有生，同具此理，故圣人之于人，无不欲其入于善。但不知来学，则无往教之礼，故苟以礼来，则无不有以教之也。

子曰："不愤不启，不悱不发，举一隅不以三隅反，则不复也。"愤，房粉反。悱，芳匪反。复，扶又反。愤者，心求通而未得之意。悱者，口欲言而未能之貌。启，谓开其意。发，谓达其辞。物之有四隅者，举一可知其三。反者，还以相证之义。复，再告也。上章已言圣人诲人不倦之意，因并记此，欲学者勉于用力，以为受教之地也。程子曰："愤悱，诚意之见于色辞者也。待其诚至而后告之。既告之，又必待其自得，乃复告尔。"又曰："不待愤悱而发，则知之不能坚固；待其愤悱而后发，则沛然矣。"

子食于有丧者之侧，未尝饱也。临丧哀，不能甘也。子于是日哭，则不歌。哭，谓吊哭。一日之内，余哀未忘，自不能歌也。谢氏曰："学者于此二者，可见圣人情性之正也。能识圣人之情性，然后可以学道。"

子谓颜渊曰："用之则行，舍之则藏，唯我与尔有是夫！"舍，上声。夫，音扶。尹氏曰："用舍无与于己，行藏安于所遇，命不足道也。颜子几于圣人，故亦能之。"子路曰："子行三军，则谁与？"万二千五百人为军，大国三军。子路见孔子独美颜渊，自负其勇，意夫子若行三军，必与己同。子曰："暴虎冯河，死而无悔者，吾不与也。必也临事而惧，好谋而成者也。"冯，皮冰反。好，去声。

暴虎，徒搏。冯河，徒涉。惧，谓敬其事。成，谓成其谋。言此皆以抑其勇而教之，然行师之要实不外此，子路盖不知也。谢氏曰："圣人于行藏之间，无意无必。其行非贪位，其藏非独善也。若有欲心，则不用而求行，舍之而不藏矣，是以惟颜子为可以与于此。子路虽非有欲心者，然未能无固必也，至以行三军为问，则其论益卑矣。夫子之言，盖因其失而救之。夫不谋无成，不惧必败，小事尚然，而况于行三军乎？"

子曰："富而可求也，虽执鞭之士，吾亦为之。如不可求，从吾所好。"好，去声。执鞭，贱者之事。设言富若可求，则虽身为贱役以求之，亦所不辞。然有命焉，非求之可得也，则安于义理而已矣，何必徒取辱哉？苏氏曰："圣人未尝有意于求富也，岂问其可不可哉？为此语者，特以明其决不可求尔。"杨氏曰："君子非恶富贵而不求，以其在天，无可求之道也。"

子之所慎：齐，战，疾。齐，侧皆反。齐之为言齐也，将祭而齐其思虑之不齐者，以交于神明也。诚之至与不至，神之飨与不飨，皆决于此。战则众之死生、国之存亡系焉，疾又吾身之所以死生存亡者，皆不可以不谨也。尹氏曰："夫子无所不谨，弟子记其大者耳。"

子在齐闻《韶》，三月不知肉味。曰："不图为乐之至于斯也！"《史记》"三月"上有"学之"二字。不知肉味，盖心一于是而不及乎他也。曰不意舜之作乐至于如此之美，则有以极其情文之备，而不觉其叹息之深也。盖非圣人不足以及此。范氏曰："《韶》尽美又尽善，乐之无以加此也。故学之三月，不知肉味，而叹美之如此。诚之至，感之深也。"

冉有曰："夫子为卫君乎？"子贡曰："诺。吾将问之。"为，去声。为，犹助也。卫君，出公辄也。灵公逐其世子蒯聩。公薨，而国人立蒯聩之子辄。于是晋纳蒯聩而辄拒之。时孔子居卫，卫人以蒯聩得罪于父，而辄嫡孙当立，故冉有疑而问之。诺，应辞也。入，曰："伯夷、叔齐何人也？"曰："古之贤人也。"曰："怨乎？"曰："求仁而得仁，又何怨？"出，曰："夫子不为也。"伯夷、叔齐，孤竹君之二子。其父将死，遗命立叔齐。父卒，叔齐逊伯夷。伯夷曰"父命也"，遂逃去。叔齐亦不立而逃之，国人立其中子。其后武王伐纣，夷、齐扣马而谏。武王灭商，夷、齐耻食周粟，去隐于首阳山，遂饿而死。怨，犹悔也。君子居是邦，不非其大夫，况其君乎？故子贡不斥卫君，而以夷、齐为问。夫子告之如此，则其不为卫君可知矣。盖伯夷以父命为尊，叔齐以天伦为重。其逊国也，皆求所以合乎天理之正，而即乎人心之安。既而各得其志焉，则视弃其国犹敝蹝尔，何怨之有？若卫辄之据国拒父而惟恐失之，其不可同年而语明矣。程子曰："伯夷、叔齐逊国而逃，谏伐而饿，终无怨悔，夫子以为贤，故知其不与辄也。"

子曰："饭疏食饮水，曲肱而枕之，乐亦在其中矣。不义而富且贵，于我如浮云。”饭，符晚反。食，音嗣。枕，去声。乐，音洛。饭，食之也。疏食，粗饭也。圣人之心，浑然天理，虽处困极，而乐亦无不在焉。其视不义之富贵，如浮云之无有，漠然无所动于其中也。程子曰：“非乐疏食饮水也，虽疏食饮水，不能改其乐也。不义之富贵，视之轻如浮云然。”又曰：“须知所乐者何事。”

子曰：“加我数年，五十以学《易》，可以无大过矣。”刘聘君见元城刘忠定公，自言尝读他论，加作假，五十作卒。盖加、假声相近而误读，卒与五十字相似而误分也。愚按：此章之言，《史记》作“假我数年，若是，我于《易》则彬彬矣”，加正作假，而无五十字。盖是时，孔子年已几七十矣，五十字误无疑也。学《易》，则明乎吉凶消长之理、进退存亡之道，故可以无大过。盖圣人深见《易》道之无穷，而言此以教人，使知其不可不学，而又不可以易而学也。

子所雅言，《诗》、《书》、执礼，皆雅言也。雅，常也。执，守也。《诗》以理情性，《书》以道政事，礼以谨节文，皆切于日用之实，故常言之。礼独言执者，以人所执守而言，非徒诵说而已也。程子曰：“孔子雅素之言，止于如此。若性与天道，则有不可得而闻者，要在默而识之也。”谢氏曰：“此因学《易》之语而类记之。”

叶公问孔子于子路，子路不对。叶，舒涉反。叶公，楚叶县尹沈诸梁，字子高，僭称公也。叶公不知孔子，必有非所问而问者，故子路不对。抑亦以圣人之德，实有未易名言者与？子曰：“女奚不曰，其为人也，发愤忘食，乐以忘忧，不知老之将至云尔。”未得，则发愤而忘食；已得，则乐之而忘忧。以是二者俛焉日有孳孳，而不知年数之不足，但自言其好学之笃耳。然深味之，则见其全体至极，纯亦不已之妙，有非圣人不能及者。盖凡夫子之自言类如此，学者宜致思焉。

子曰：“我非生而知之者，好古，敏以求之者也。”好，去声。生而知之者，气质清明，义理昭著，不待学而知也。敏，速也，谓汲汲也。尹氏曰：“孔子以生知之圣，每云好学者，非惟勉人也。盖生而可知者义理尔，若夫礼乐名物、古今事变，亦必待学而后有以验其实也。”

子不语怪、力、乱、神。怪异、勇力、悖乱之事，非理之正，固圣人所不语。鬼神，造化之迹，虽非不正，然非穷理之至，有未易明者，故亦不轻以语人也。谢氏曰：“圣人语常而不语怪，语德而不语力，语治而不语乱，语人而不语神。”

子曰：“三人行，必有我师焉。择其善者而从之，其不善者而改之。”三人同行，其一我也。彼二人者，一善一恶，则我从其善而改其恶焉，是二人者皆我师也。尹氏曰：“见贤思齐，见不贤而内自省，则善恶皆我之师，进善其有穷乎？”

子曰：“天生德于予，桓魋其如予何？”魋，徒雷反。桓魋，宋司马向魋也。出于桓公，故又称桓氏。魋欲害孔子，孔子言天既赋我以如是之德，则桓魋其奈我何？言必不能违天害己。

子曰:“二三子以我为隐乎?吾无隐乎尔。吾无行而不与二三子者,是丘也。”诸弟子以夫子之道高深不可几及,故疑其有隐,而不知圣人作止语默,无非教也,故夫子以此言晓之。与,犹示也。程子曰:“圣人之道犹天然,门弟子亲炙而冀及之,然后知其高且远也。使诚以为不可及,则趋向之心不几于怠乎?故圣人之教,常俯而就之如此,非独使资质庸下者勉思企及,而才气高迈者亦不敢躐易而进也。”吕氏曰:“圣人体道无隐,与天象昭然,莫非至教。常以示人,而人自不察。”

子以四教:文、行、忠、信。行,去声。程子曰:“教人以学文修行而存忠信也。忠信,本也。”

子曰:“圣人,吾不得而见之矣;得见君子者,斯可矣。”圣人,神明不测之号。君子,才德出众之名。子曰:“善人,吾不得而见之矣;得见有恒者,斯可矣。恒,胡登反。“子曰”字疑衍文。恒,常久之意。张子曰:“有恒者,不贰其心。善人者,志于仁而无恶。”亡而为有,虚而为盈,约而为泰,难乎有恒矣。”亡,读为无。三者皆虚夸之事,凡若此者,必不能守其常也。张敬夫曰:“圣人、君子以学言,善人、有恒者以质言。”愚谓有恒者之与圣人,高下固悬绝矣,然未有不自有恒而能至于圣者也。故章末申言有恒之义,其示人入德之门,可谓深切而著明矣。

子钓而不纲,弋不射宿。射,食亦反。纲,以大绳属网,绝流而渔者也。弋,以生丝系矢而射也。宿,宿鸟。洪氏曰:“孔子少贫贱,为养与祭,或不得已而钓弋,如猎较是也。然尽物取之,出其不意,亦不为也。此可见仁人之本心矣。待物如此,待人可知;小者如此,大者可知。”

子曰:“盖有不知而作之者,我无是也。多闻,择其善者而从之,多见而识之,知之次也。”识,音志。不知而作,不知其理而妄作也。孔子自言未尝妄作,盖亦谦辞,然亦可见其无所不知也。识,记也。所从不可不择,记则善恶皆当存之,以备参考。如此者虽未能实知其理,亦可以次于知之者也。

互乡难与言,童子见,门人惑。见,贤遍反。互乡,乡名。其人习于不善,难与言善。惑者,疑夫子不当见之也。子曰:“与其进也,不与其退也,唯何甚!人洁己以进,与其洁也,不保其往也。”疑此章有错简。“人洁”至“往也”十四字,当在“与其进也”之前。洁,修治也。与,许也。往,前日也。言人洁己而来,但许其能自洁耳,固不能保其前日所为之善恶也;但许其进而来见耳,非许其既退而为不善也。盖不追其既往,不逆其将来,以是心至,斯受之耳。唯字上下,疑又有阙文,大抵亦不为已甚之意。程子曰:“圣人待物之洪如此。”

子曰:“仁远乎哉?我欲仁,斯仁至矣。”仁者,心之德,非在外也。放而不求,故有以为远者;反而求之,则即此而在矣,夫岂远哉?程子曰:“为仁由己,欲之则至,何远之有?"

陈司败问昭公知礼乎?孔子曰:"知礼。"陈,国名。司败,官名,即司寇也。昭公,鲁君,名裯。习于威仪之节,当时以为知礼。故司败以为问,而孔子答之如此。孔子退,揖巫马期而进之,曰:"吾闻君子不党,君子亦党乎?君取于吴为同姓,谓之吴孟子。君而知礼,孰不知礼?"取,七住反。巫马,姓;期,字;孔子弟子,名施。司败揖而进之也。相助匿非曰党。礼不娶同姓,而鲁与吴皆姬姓。谓之吴孟子者,讳之使若宋女子姓者然。巫马期以告。子曰:"丘也幸,苟有过,人必知之。"孔子不可自谓讳君之恶,又不可以娶同姓为知礼,故受以为过而不辞。吴氏曰:"鲁盖夫子父母之国,昭公,鲁之先君也。司败又未尝显言其事,而遽以知礼为问,其对之宜如此也。及司败以为有党,而夫子受以为过,盖夫子之盛德,无所不可也。然其受以为过也,亦不正言其所以过,初若不知孟子之事者,可以为万世之法矣。"

子与人歌而善,必使反之,而后和之。和,去声。反,复也。必使复歌者,欲得其详而取其善也。而后和之者,喜得其详而与其善也。此见圣人气象从容,诚意恳至,而其谦逊审密,不掩人善又如此。盖一事之微,而众善之集,有不可胜既者焉,读者宜详味之。

子曰:"文,莫吾犹人也。躬行君子,则吾未之有得。"莫,疑辞。犹人,言不能过人,而尚可以及人。未之有得,则全未有得,皆自谦之词。而足以见言行之难易缓急,欲人之勉其实也。谢氏曰:"文虽圣人无不与人同,故不逊;能躬行君子,斯可以入圣,故不居;犹言君子道者三,我无能焉。"

子曰:"若圣与仁,则吾岂敢?抑为之不厌,诲人不倦,则可谓云尔已矣。"公西华曰:"正唯弟子不能学也。"此亦夫子之谦辞也。圣者,大而化之。仁,则心德之全而人道之备也。为之,谓为仁圣之道。诲人,亦谓以此教人也。然不厌不倦,非己有之则不能,所以弟子不能学也。晁氏曰:"当时有称夫子圣且仁者,以故夫子辞之。苟辞之而已焉,则无以进天下之材,率天下之善,将使圣与仁为虚器,而人终莫能至矣。故孔子虽不居仁圣,而必以为之不厌、诲人不倦自处也。"可谓云尔已矣者,无他之辞也。公西华仰而叹之,其亦深知夫子之意矣。

子疾病,子路请祷。子曰:"有诸?"子路对曰:"有之。诔曰:'祷尔于上下神祇。'"子曰:"丘之祷久矣。"诔,力①轨反。祷,谓祷于鬼神。有诸,问有此理否。诔者,哀死而述其行之辞也。上下,谓天地。天曰神,地曰祇。祷者,悔过迁善,以祈神之佑也。无其理则不必祷,既曰有之,则圣人未尝有过,无善可迁。其素行固已合于神明,故曰:"丘之祷久矣。"又《士丧礼》,疾病行祷五祀,盖臣子迫

---

① "力",吴本作"九",据宋本、清内府本改。

切之至情，有不能自已者，初不请于病者而后祷也。故孔子之于子路，不直拒之，而但告以无所事祷之意。

子曰："奢则不孙，俭则固。与其不孙也，宁固。"孙，去声。孙，顺也。固，陋也。奢俭俱失中，而奢之害大。晁氏曰："不得已而救时之弊也。"

子曰："君子坦荡荡，小人长戚戚。"坦，平也。荡荡，宽广貌。程子曰："君子循理，故常舒泰；小人役于物，故多忧戚。"程子曰："君子坦荡荡，心广体胖。"

子温而厉，威而不猛，恭而安。厉，严肃也。人之德性本无不备，而气质所赋，鲜有不偏，惟圣人全体浑然，阴阳合德，故其中和之气见于容貌之间者如此。门人熟察而详记之，亦可见其用心之密矣。抑非知足以知圣人而善言德行者不能记，故程子以为曾子之言。学者所宜反复而玩心也。

泰伯第八

凡二十一章。

子曰："泰伯，其可谓至德也已矣！三以天下让，民无得而称焉。"泰伯，周大王之长子。至德，谓德之至极，无以复加者也。三让，谓固逊也。无得而称，其逊隐微，无迹可见也。盖大王三子：长泰伯，次仲雍，次季历。大王之时，商道寖衰，而周日强大。季历又生子昌，有圣德。大王因有翦商之志，而泰伯不从，大王遂欲传位季历以及昌。泰伯知之，即与仲雍逃之荆蛮。于是大王乃立季历，传国至昌，而三分天下有其二，是为文王。文王崩，子发立，遂克商而有天下，是为武王。夫以泰伯之德，当商、周之际，固足以朝诸侯有天下矣，乃弃不取而又泯其迹焉，则其德之至极为何如哉！盖其心即夷、齐扣马之心，而事之难处有甚焉者，宜夫子之叹息而赞美之也。泰伯不从，事见《春秋传》。

子曰："恭而无礼则劳，慎而无礼则葸，勇而无礼则乱，直而无礼则绞。葸，丝里反。绞，古卯反。葸，畏惧貌。绞，急切也。无礼则无节文，故有四者之弊。君子笃于亲，则民兴于仁；故旧不遗，则民不偷。"君子，谓在上之人也。兴，起也。偷，薄也。张子曰："人道知所先后，则恭不劳、慎不葸、勇不乱、直不绞，民化而德厚矣。"吴氏曰："君子以下，当自为一章，乃曾子之言也。"愚按：此一节与上文不相蒙，而与首篇谨终追远之意相类，吴说近是。

曾子有疾，召门弟子曰："启予足！启予手！诗云：'战战兢兢，如临深渊，如履薄冰。'而今而后，吾知免夫！小子！"夫，音扶。启，开也。曾子平日以为身体受于父母，不敢毁伤，故于此使弟子开其衾而视之。《诗·小旻》之篇。战战，恐惧。兢兢，戒谨。临渊，恐坠。履冰，恐陷也。曾子以其所保之全示门人，而言其所以保之之难如此；至于将死，而后知其得免于毁伤也。小子，门人也。语毕而又呼之，以致反复丁宁之意，其警之也深矣。程子曰："君子曰终，小人曰死。君子保其身以没，为终其事也，故曾子以全归为免矣。"尹氏曰："父母全而生之，子全而归之。曾子临终而启手足，为是故也。非有得于道，能如是乎？"范氏曰："身体犹不可亏也，况亏其行以辱其亲乎？"

曾子有疾，孟敬子问之。孟敬子，鲁大夫仲孙氏，名捷。问之者，问其疾也。曾子言曰："鸟之将死，其鸣也哀；人之将死，其言也善。言，自言也。鸟畏死，故鸣哀。人穷反本，故言善。此曾子之谦辞，欲敬子知其所言之善而识之也。君子所贵乎道者三：动容貌，斯远暴慢矣；正颜色，斯近信矣；出辞气，斯远鄙倍矣。笾豆之事，则有司存。"远、近，并去声。贵，犹重也。容貌，举一身而言。暴，粗厉也。慢，放肆也。信，实也。正颜色而近信，则非色庄也。辞，言语。气，声气也。鄙，凡陋也。倍，与背同，谓背理也。笾，竹豆。豆，木豆。言道虽无所不在，然君子所重者，在此三事而已。是皆修身之要、为政之本，学者所当操存省察，而不可有造次颠沛之违者也。若夫笾豆之事，器数之末，道之全体固无不该，然其分则有司之守，而非君子之所重矣。程子曰："动容貌，举一身而言也。周旋中礼，暴慢斯远矣。正颜色则不妄，斯近信矣。出辞气，正由中出，斯远鄙倍。三者正身而不外求，故曰笾豆之事则有司存。"尹氏曰："养于中则见于外，曾子盖以修己为为政之本。若乃器用事物之细，则有司存焉。"

曾子曰："以能问于不能，以多问于寡；有若无，实若虚，犯而不校，昔者吾友尝从事于斯矣。"校，计校也。友，马氏以为颜渊是也。颜子之心，惟知义理之无穷，不见物我之有间，故能如此。谢氏曰："不知有余在己，不足在人；不必得为在己，失为在人，非几于无我者不能也。"

曾子曰："可以托六尺之孤，可以寄百里之命，临大节而不可夺也。君子人与？君子人也。"与，平声。其才可以辅幼君、摄国政，其节至于死生之际而不可夺，可谓君子矣。与，疑词。也，决词。设为问答，所以深著其必然也。程子曰："节操如是，可谓君子矣。"

曾子曰："士不可以不弘毅，任重而道远。弘，宽广也。毅，强忍也。非弘不能胜其重，非毅无以致其远。仁以为己任，不亦重乎？死而后已，不亦远乎？"仁者，人心之全德，而必欲以身体而力行之，可谓重矣。一息尚存，此志不容少懈，可谓远矣。程子曰："弘而不毅，则无规矩而难立；毅而不弘，则隘陋而无以居之。"又曰："弘大刚毅，然后能胜重任而远到。"

子曰："兴于《诗》，兴，起也。《诗》本性①情，有邪有正，其为言既易知，而吟咏之间，抑扬反复，其感人又易入。故学者之初，所以兴起其好善恶恶之心，而不能自已者，必于是而得之。立于礼，礼以恭敬辞逊为本，而有节文度数之详，可以固人肌肤之会，筋骸之束。故学者之中，所以能卓然自立，而不为事物之所摇夺者，必于此而得之。成于乐。"乐有五声十二律，更唱迭和，以为歌舞八音之节，可以养人之性情，而荡涤其邪秽，消融其查滓。故学者之终，所以至于义精仁熟，而自和顺于道德者，必于此而得之，是学之成也。按《内则》，十年学幼仪，十三学乐诵《诗》，二十而后学礼。则此三者，非小学传授之次，乃大学终身所得之难易、先后、浅深也。程子曰："天下之英才不为少矣，特以道学不明，故不得有所成就。夫古人之诗，如今之歌曲，虽闾里童稚，皆习闻之而知其说，故能兴起。今虽老师宿儒，尚不能晓其义，况学者乎？是不得兴于《诗》也。古人自洒扫应对，以至冠昏丧祭，莫不有礼。今皆废坏，是以人伦不明，治家无法，是不得立于礼也。古人之乐，声音所以养其耳，采色所以养其目，歌咏所以养其性情，舞蹈所以养其血脉。今皆无之，是不得成于乐也。是以古之成材也易，今之成材也难。"

子曰："民可使由之，不可使知之。"民可使之由于是理之当然，而不能使之知其所以然也。程子曰："圣人设教，非不欲人家喻而户晓也，然不能使之知，但能使之由之尔。若曰圣人不使民知，则是后世朝四暮三之术也，岂圣人之心乎？"

子曰："好勇疾贫，乱也。人而不仁，疾之已甚，乱也。"好，去声。好勇而不安分，则必作乱。恶不仁之人而使之无所容，则必致乱。二者之心，善恶虽殊，然其生乱则一也。

子曰："如有周公之才之美，使骄且吝，其余不足观也已。"才美，谓智能技艺之美。骄，矜夸。吝，鄙啬也。程子曰："此甚言骄吝之不可也。盖有周公之德，则自无骄吝；若但有周公之才而骄吝焉，亦不足观矣。"又曰："骄，气盈。吝，气歉。"愚谓骄吝虽有盈歉之殊，然其势常相因。盖骄者吝之枝叶，吝者骄之本根。故尝验之天下之人，未有骄而不吝、吝而不骄者也。

子曰："三年学，不至于谷，不易得也。"易，去声。谷，禄也。至，疑当作志。为学之久，而不求禄，如此之人，不易得也。杨氏曰："虽子张之贤，犹以干禄为问，况其下者乎？然则三年学而不至于谷，宜不易得也。"

子曰："笃信好学，守死善道。好，去声。笃，厚而力也。不笃信，则不能好学；然笃信而不好学，则所信或非其正。不守死，则不能以善其道；然守死而不足以善

---

① 元本与吴本同。"性"，宋本、清内府本作"人"。

其道,则亦徒死而已。盖守死者笃信之效,善道者好学之功。危邦不入,乱邦不居。天下有道则见,无道则隐。见,贤遍反。君子见危授命,则仕危邦者无可去之义,在外则不入可也。乱邦未危,而刑政纪纲紊矣,故洁其身而去之。天下,举一世而言。无道,则隐其身而不见也。此惟笃信好学、守死善道者能之。邦有道,贫且贱焉,耻也;邦无道,富且贵焉,耻也。"世治而无可行之道,世乱而无能守之节,碌碌庸人,不足以为士矣,可耻之甚也。晁氏曰:"有学有守,而去就之义洁,出处之分明,然后为君子之全德也。"

子曰:"不在其位,不谋其政。"程子曰:"不在其位,则不任其事也,若君大夫问而告者则有矣。"

子曰:"师挚之始,《关雎》之乱,洋洋乎盈耳哉!"挚,音至。雎,七余反。师挚,鲁乐师名挚也。乱,乐之卒章也。《史记》曰:"《关雎》之乱以为风始。"洋洋,美盛意。孔子自卫反鲁而正乐,适师挚在官之初,故乐之美盛如此。

子曰:"狂而不直,侗而不愿,悾悾而不信,吾不知之矣。"侗,音通。悾,音空。侗,无知貌。愿,谨厚也。悾悾,无能貌。吾不知之者,甚绝之之辞,亦不屑之教诲也。苏氏曰:"天之生物,气质不齐。其中材以下,有是德则有是病。有是病必有是德,故马之蹄啮者必善走,其不善者必驯。有是病而无是德,则天下之弃才也。"

子曰:"学如不及,犹恐失之。"言人之为学,既如有所不及矣,而其心犹竦然,惟恐其或失之,警学者当如是也。程子曰:"学如不及,犹恐失之,不得放过。才说姑待明日,便不可也。"

子曰:"巍巍乎!舜禹之有天下也,而不与焉。"与,去声。巍巍,高大之貌。不与,犹言不相关,言其不以位为乐也。

子曰:"大哉尧之为君也!巍巍乎!唯天为大,唯尧则之。荡荡乎!民无能名焉。唯,犹独也。则,犹准也。荡荡,广远之称也。言物之高大,莫有过于天者,而独尧之德能与之准。故其德之广远,亦如天之不可以言语形容也。巍巍乎!其有成功也;焕乎,其有文章!"成功,事业也。焕,光明之貌。文章,礼乐法度也。尧之德不可名,其可见者此尔。尹氏曰:"天道之大,无为而成。唯尧则之以治天下,故民无得而名焉。所可名者,其功业文章巍然焕然而已。"

舜有臣五人而天下治。治,去声。五人,禹、稷、契、皋陶、伯益。武王曰:"予有乱臣十人。"《书·泰誓》之辞。马氏曰:"乱,治也。"十人,谓周公旦、召公奭、太公望、毕公、荣公、太颠、闳夭、散宜生、南宫适,其一人谓文母。刘侍读以为子无臣母之义,盖邑姜也。九人治外,邑姜治内。或曰:"乱本作𠮦,古治字也。"孔子曰:"才难,不其然乎?唐虞之际,于斯为盛。有妇人焉,九人而已。称孔子者，上系武王君臣之际，记者谨之。才难，盖古语，而孔子然之也。才者，德之用也。唐虞，尧舜有天下之号。际，交会之间。言周室人才之多，惟唐虞之际，乃盛于此。降自夏商，皆不能及，然犹但有此数人尔，是才之难得也。三分天下有其二，以服事殷。周之德，其可谓至德也已矣。"《春秋传》曰："文王率商之畔国以事纣。"盖天下归文王者六州，荆、梁、雍、豫、徐、扬也。惟青、兖、冀，尚属纣耳。范氏曰："文王之德，足以代商。天与之，人归之，乃不取而服事焉，所以为至德也。孔子因武王之言而及文王之德，且与泰伯，皆以至德称之，其指微矣。"或曰："宜断三分以下，别以孔子曰起之，而自为一章。"

子曰："禹，吾无间然矣。菲饮食，而致孝乎鬼神；恶衣服，而致美乎黻冕；卑宫室，而尽力乎沟洫。禹，吾无间然矣。"间，去声。菲，音匪。黻，音弗。洫，呼域反。间，罅隙也，谓指其罅隙而非议之也。菲，薄也。致孝鬼神，谓享祀丰洁。衣服，常服。黻，蔽膝也，以韦为之。冕，冠也。皆祭服也。沟洫，田间水道，以正疆界、备旱潦者也。或丰或俭，各适其宜，所以无罅隙之可议也，故再言以深美之。杨氏曰："薄于自奉，而所勤者民之事，所致饰者宗庙朝廷之礼，所谓有天下而不与也，夫何间然之有？"

卷　五

子罕第九

凡三十章。

子罕言利与命与仁。罕，少也。程子曰："计利则害义，命之理微，仁之道大，皆夫子所罕言也。"

达巷党人曰："大哉孔子！博学而无所成名。"达巷，党名。其人姓名不传。博学无所成名，盖美其学之博而惜其不成一艺之名也。子闻之，谓门弟子曰："吾何执？执御乎？执射乎？吾执御矣。"执，专执也。射、御皆一艺，而御为人仆，所执尤卑。言欲使我何所执以成名乎？然则吾将执御矣。闻人誉己，承之以谦也。尹氏曰："圣人道全而德备，不可以偏长目之也。达巷党人见孔子之大，意其所学者博，而惜其不以一善得名于世，盖慕圣人而不知者也。故孔子曰，欲使我何所执而得为名乎？然则吾将执御矣。"

子曰："麻冕，礼也；今也纯，俭。吾从众。麻冕，缁布冠也。纯，丝也。俭，谓省约。缁布冠，以三十升布为之，升八十缕，则其经二千四百缕矣。细密难成，不如用丝之省约。拜下，礼也；今拜乎上，泰也。虽违众，吾从下。"臣与君行礼，当拜于堂下。君辞之，乃升成拜。泰，骄慢也。程子曰："君子处世，事之无害于义者，从俗可也；害于义，则不可从也。"

子绝四：毋意，毋必，毋固，毋我。绝，无之尽者。毋，《史记》作"无"是也。意，私意也。必，期必也。固，执滞也。我，私己也。四者相为终始，起于意，遂于必，留于固，而成于我也。盖意必常在事前，固我常在事后，至于我又生意，则物欲牵引，循环不穷矣。程子曰:“此毋字,非禁止之辞。圣人绝此四者,何用禁止。”张子曰:“四者有一焉,则与天地不相似。”杨氏曰:“非知足以知圣人,详视而默识之,不足以记此。”

子畏于匡。畏者,有戒心之谓。匡,地名。《史记》云:“阳虎曾暴于匡,夫子貌似阳虎,故匡人围之。”曰:“文王既没,文不在兹乎?道之显者谓之文,盖礼乐制度之谓。不曰道而曰文,亦谦辞也。兹,此也,孔子自谓。天之将丧斯文也,后死者不得与于斯文也;天之未丧斯文也,匡人其如予何?”丧、与,皆去声。马氏曰:“文王既没,故孔子自谓后死者。言天若欲丧此文,则必不使我得与于此文;今我既得与于此文,则是天未欲丧此文也。天既未欲丧此文,则匡人其奈我何?言必不能违天害己也。”

大宰问于子贡曰:“夫子圣者与?何其多能也?”大,音泰。与,平声。孔氏曰:“大宰,官名。或吴或宋,未可知也。”与者,疑辞。大宰盖以多能为圣也。子贡曰:“固天纵之将圣,又多能也。”纵,犹肆也,言不为限量也。将,殆也,谦若不敢知之辞。圣无不通,多能乃其余事,故言又以兼之。子闻之,曰:“大宰知我乎!吾少也贱,故多能鄙事。君子多乎哉?不多也。”言由少贱故多能,而所能者鄙事尔,非以圣而无不通也。且多能非所以率人,故又言君子不必多能以晓之。牢曰:“子云,‘吾不试,故艺’。”牢,孔子弟子,姓琴,字子开,一字子张。试,用也。言由不为世用,故得以习于艺而通之。吴氏曰:“弟子记夫子此言之时,子牢因言昔之所闻有如此者。其意相近,故并记之。”

子曰:“吾有知乎哉?无知也。有鄙夫问于我,空空如也,我叩其两端而竭焉。”叩,音口。孔子谦言己无知识,但其告人,虽于至愚,不敢不尽耳。叩,发动也。两端,犹言两头。言终始、本末、上下、精粗,无所不尽。程子曰:“圣人之教人,俯就之若此,犹恐众人以为高远而不亲也。圣人之道,必降而自卑,不如此则人不亲;贤人之言,则引而自高,不如此则道不尊。观于孔子、孟子,则可见矣。”尹氏曰:“圣人之言,上下兼尽。即其近,众人皆可与知;极其至,则虽圣人亦无以加焉,是之谓两端。如答樊迟之问仁知,两端竭尽,无余蕴矣。若夫语上而遗下,语理而遗物,则岂圣人之言哉?”

子曰:“凤鸟不至,河不出图,吾已矣夫!”夫,音扶。凤,灵鸟,舜时来仪,文王时鸣于岐山。河图,河中龙马负图,伏羲时出,皆圣王之瑞也。已,止也。张子曰:“凤至图出,文明之祥。伏羲、舜、文之瑞不至,则夫子之文章,知其已矣。”

子见齐衰者、冕衣裳者与瞽者,见之,虽少必作;过之,必趋。齐,音咨。衰,七雷反。少,去声。齐衰,丧服。冕,冠也。衣,上服。裳,下服。冕而衣裳,贵者之盛服也。瞽,无目者。作,起也。趋,疾行也。或曰:“少,当作坐。”范氏曰:

"圣人之心,哀有丧,尊有爵,矜不成人。其作与趋,盖有不期然而然者。"尹氏曰:"此圣人之诚心,内外一者也。"

颜渊喟然叹曰:"仰之弥高,钻之弥坚;瞻之在前,忽焉在后。喟,苦位反。钻,祖官反。喟,叹声。仰弥高,不可及。钻弥坚,不可入。在前在后,恍惚不可为象。此颜渊深知夫子之道,无穷尽、无方体,而叹之也。夫子循循然善诱人,博我以文,约我以礼。循循,有次序貌。诱,引进也。博文、约礼,教之序也。言夫子道虽高妙,而教人有序也。侯氏曰:"博我以文,致知格物也。约我以礼,克己复礼也。"程子曰:"此颜子称圣人最切当处,圣人教人,惟此二事而已。"欲罢不能,既竭吾才,如有所立卓尔。虽欲从之,末由也已。"卓,立貌。末,无也。此颜子自言其学之所至也。盖悦之深而力之尽,所见益亲,而又无所用其力也。吴氏曰:"所谓卓尔,亦在乎日用行事之间,非所谓窈冥昏默者。"程子曰:"到此地位,功夫尤难,直是峻绝,又大段着力不得。"杨氏曰:"自可欲之谓善,充而至于大,力行之积也。大而化之,则非力行所及矣,此颜子所以未达一间也。"程子曰:"此颜子所以为深知孔子而善学之者也。"胡氏曰:"无上事而喟然叹,此颜子学既有得,故述其先难之故、后得之由,而归功于圣人也。高、坚、前、后,语道体也。仰、钻、瞻、忽,未领其要也。惟夫子循循善诱,先博我以文,使我知古今,达事变;然后约我以礼,使我尊所闻,行所知。如行者之赴家,食者之求饱,是以欲罢而不能,尽心尽力,不少休废。然后见夫子所立之卓然,虽欲从之,末由也已。是盖不怠所从,必欲至乎卓立之地也。抑斯叹也,其在请事斯语之后,三月不违之时乎?"

子疾病,子路使门人为臣。夫子时已去位,无家臣。子路欲以家臣治其丧,其意实尊圣人,而未知所以尊也。病间,曰:"久矣哉,由之行诈也!无臣而为有臣。吾谁欺?欺天乎?间,如字。病间,少差也。病时不知,既差乃知其事,故言我之不当有家臣,人皆知之,不可欺也。而为有臣,则是欺天而已。人而欺天,莫大之罪。引以自归,其责子路深矣。且予与其死于臣之手也,无宁死于二三子之手乎?且予纵不得大葬,予死于道路乎?"无宁,宁也。大葬,谓君臣礼葬。死于道路,谓弃而不葬。又晓之以不必然之故。范氏曰:"曾子将死,起而易箦。曰:'吾得正而毙焉,斯已矣。'子路欲尊夫子,而不知无臣之不可为有臣,是以陷于行诈,罪至欺天。君子之于言动,虽微不可不谨。夫子深惩子路,所以警学者也。"杨氏曰:"非知至而意诚,则用智自私,不知行其所无事,往往自陷于行诈欺天而莫之知也。其子路之谓乎?"

子贡曰:"有美玉于斯,韫椟而藏诸?求善贾而沽诸?"子曰:"沽之哉!沽之哉!我待贾者也。"韫,纡粉反。椟,徒木反。贾,音嫁。韫,藏也。椟，匮也。沽，卖也。子贡以孔子有道不仕，故设此二端以问也。孔子言固当卖之，但当待贾，而不当求之耳。范氏曰："君子未尝不欲仕也，又恶不由其道。士之待礼，犹玉之待贾也。若伊尹之耕于野，伯夷、太公之居于海滨，世无成汤、文王，则终焉而已，必不枉道以从人，衒玉而求售也。"

子欲居九夷。东方之夷有九种。欲居之者，亦乘桴浮海之意。或曰："陋，如之何！"子曰："君子居之，何陋之有？"君子所居则化，何陋之有？

子曰："吾自卫反鲁，然后乐正，《雅》《颂》各得其所。"鲁哀公十一年冬，孔子自卫反鲁。是时周礼在鲁，然《诗》、乐亦颇残缺失次。孔子周流四方，参互考订，以知其说。晚知道终不行，故归而正之。

子曰："出则事公卿，入则事父兄，丧事不敢不勉，不为酒困，何有于我哉？"说见第七篇，然此则其事愈卑而意愈切矣。

子在川上，曰："逝者如斯夫！不舍昼夜。"夫，音扶。舍，上声。天地之化，往者过，来者续，无一息之停，乃道体之本然也。然其可指而易见者，莫如川流。故于此发以示人，欲学者时时省察，而无毫发之间断也。程子曰："此道体也。天运而不已，日往则月来，寒往则暑来，水流而不息，物生而不穷，皆与道为体，运乎昼夜，未尝已也。是以君子法之，自强不息。及其至也，纯亦不已焉。"又曰："自汉以来，儒者皆不识此义。此见圣人之心，纯亦不已也。纯亦不已，乃天德也。有天德，便可语王道，其要只在谨独。"愚按：自此至篇终，皆勉人进学不已之辞。

子曰："吾未见好德如好色者也。"好，去声。谢氏曰："好好色，恶恶臭，诚也。好德如好色，斯诚好德矣，然民鲜能之。"《史记》："孔子居卫，灵公与夫人同车，使孔子为次乘，招摇市过之。"孔子丑之，故有是言。

子曰："譬如为山，未成一篑，止，吾止也；譬如平地，虽覆一篑，进，吾往也。"篑，求位反。覆，芳服反。篑，土笼也。《书》曰："为山九仞，功亏一篑。"夫子之言，盖出于此。言山成而但少一篑，其止者，吾自止耳；平地而方覆一篑，其进者，吾自往耳。盖学者自强不息，则积少成多；中道而止，则前功尽弃。其止其往，皆在我而不在人也。

子曰："语之而不惰者，其回也与！"语，去声。与，平声。惰，懈怠也。范氏曰："颜子闻夫子之言，而心解力行，造次颠沛未尝违之。如万物得时雨之润，发荣滋长，何有于惰，此群弟子所不及也。"

子谓颜渊，曰："惜乎！吾见其进也，未见其止也。"进、止二字，说见上章。颜子既死而孔子惜之，言其方进而未已也。

子曰："苗而不秀者有矣夫！秀而不实者有矣夫！"夫，音扶。谷之始生曰苗，吐华曰秀，成谷曰实。盖学而不至于成，有如此者，是以君子贵自勉也。

子曰："后生可畏，焉知来者之不如今也？四十、五十而无闻焉，斯亦不足畏也已。"焉知之焉，于虔反。孔子言后生年富力强，足以积学而有待，其势可畏，安知其将来不如我之今日乎？然或不能自勉，至于老而无闻，则不足畏矣。言此以警人，使及时勉学也。曾子曰："五十而不以善闻，则不闻矣。"盖述此意。尹氏曰："少而不勉，老而无闻，则亦已矣。自少而进者，安知其不至于极乎？是可畏也。"

子曰："法语之言，能无从乎？改之为贵。巽与之言，能无说乎？绎之为贵。说而不绎，从而不改，吾末如之何也已矣。"法语者，正言之也。巽言者，婉而导之也。绎，寻其绪也。法言人所敬惮，故必从；然不改，则面从而已。巽言无所乖忤，故必说；然不绎，则又不足以知其微意之所在也。杨氏曰："法言，若孟子论行王政之类是也。巽言，若其论好货、好色之类是也。语之而未达，拒之而不受，犹之可也。其或喻焉，则尚庶几其能改、绎矣。从且说矣，而不改、绎焉，则是终不改、绎也已，虽圣人其如之何哉？"

子曰："主忠信，毋友不如己者，过则勿惮改。"重出而逸其半。

子曰："三军可夺帅也，匹夫不可夺志也。"侯氏曰："三军之勇在人，匹夫之志在己。故帅可夺而志不可夺，如可夺，则亦不足谓之志矣。"

子曰："衣敝缊袍，与衣狐貉者立，而不耻者，其由也与？衣，去声。缊，纡粉反。貉，胡各反。与，平声。敝，坏也。缊，枲著也。袍，衣有著者也，盖衣之贱者。狐貉，以狐貉之皮为裘，衣之贵者。子路之志如此，则能不以贫富动其心，而可以进于道矣，故夫子称之。'不忮不求，何用不臧？'"忮，之豉反。忮，害也。求，贪也。臧，善也。言能不忮不求，则何为不善乎？此《卫风·雄雉》之诗，孔子引之，以美子路也。吕氏曰："贫与富交，强者必忮，弱者必求。"子路终身诵之。子曰："是道也，何足以臧？"终身诵之，则自喜其能，而不复求进于道矣，故夫子复言此以警之。谢氏曰："耻恶衣恶食，学者之大病。善心不存，盖由于此。子路之志如此，其过人远矣。然以众人而能此，则可以为善矣；子路之贤，宜不止此。而终身诵之，则非所以进于日新也，故激而进之。"

子曰："岁寒，然后知松柏之后凋也。"范氏曰："小人之在治世，或与君子无异。惟临利害、遇事变，然后君子之所守可见也。"谢氏曰："士穷见节义，世乱识忠臣。欲学者必周于德。"

子曰："知者不惑，仁者不忧，勇者不惧。"明足以烛理，故不惑；理足以胜私，故不忧；气足以配道义，故不惧。此学之序也。

子曰："可与共学，未可与适道；可与适道，未可与立；可与立，未可与权。”可与者，言其可与共为此事也。程子曰：“可与共学，知所以求之也。可与适道，知所往也。可与立者，笃志固执而不变也。权，称锤也，所以称物而知轻重者也。可与权，谓能权轻重，使合义也。”杨氏曰：“知为己，则可与共学矣。学足以明善，然后可与适道。信道笃，然后可与立。知时措之宜，然后可与权。”洪氏曰：“《易》九卦，终于《巽》以行权。权者，圣人之大用。未能立而言权，犹人未能立而欲行，鲜不仆矣。”程子曰：“汉儒以反经合道为权，故有权变、权术之论，皆非也。权只是经也。自汉以下，无人识权字。”愚按：先儒误以此章连下文偏其反而为一章，故有反经合道之说。程子非之，是矣。然以孟子嫂溺援之以手之义推之，则权与经亦当有辨。

“唐棣之华，偏其反而。岂不尔思？室是远而。”棣，大计反。唐棣，郁李也。偏，《晋书》作翩。然则反亦当与翻同，言华之摇动也。而，语助也。此逸诗也，于六义属兴。上两句无意义，但以起下两句之辞耳。其所谓尔，亦不知其何所指也。子曰：“未之思也，夫何远之有？”夫，音扶。夫子借其言而反之，盖前篇“仁远乎哉”之意。程子曰：“圣人未尝言易以骄人之志，亦未尝言难以阻人之进。但曰未之思也，夫何远之有？此言极有涵蓄，意思深远。”

乡党第十

杨氏曰：“圣人之所谓道者，不离乎日用之间也。故夫子之平日，一动一静，门人皆审视而详记之。”尹氏曰：“甚矣孔门诸子之嗜学也！于圣人之容色言动，无不谨书而备录之，以贻后世。今读其书，即其事，宛然如圣人之在目也。虽然，圣人岂拘拘而为之者哉？盖盛德之至，动容周旋，自中乎礼耳。学者欲潜心于圣人，宜于此求焉。”旧说凡一章，今分为十七节。

孔子于乡党，恂恂如也，似不能言者。恂，相伦反。恂恂，信实之貌。似不能言者，谦卑逊顺。不以贤知先人也。乡党，父兄宗族之所在，故孔子居之，其容貌词气如此。

其在宗庙朝廷，便便言，唯谨尔。朝，直遥反，下同。便，旁连反。便便，辩也。宗庙，礼法之所在；朝廷，政事之所出，言不可以不明辩。故必详问而极言之，但谨而不放尔。此一节，记孔子在乡党、宗庙、朝廷言貌之不同。

朝，与下大夫言，侃侃如也；与上大夫言，訚訚如也。侃，苦旦反。

訚，鱼巾反。此君未视朝时也。《王制》：诸侯上大夫卿，下大夫五人。许氏《说文》："侃侃，刚直也。訚訚，和悦而诤也。"君在，踧踖如也，与与如也。踧，子六反。踖，子亦反。与，平声，或如字。君在，视朝也。踧踖，恭敬不宁之貌。与与，威仪中适之貌。张子曰："与与，不忘向君也。"亦通。此一节，记孔子在朝廷事上接下之不同也。

君召使摈，色勃如也，足躩如也。摈，必刃反。躩，驱若反。摈，主国之君所使出接宾者。勃，变色貌。躩，盘辟貌。皆敬君命故也。揖所与立，左右手。衣前后，襜如也。襜，赤占反。所与立，谓同为摈者也。摈用命数之半，如上公九命，则用五人，以次传命。揖左人，则左其手；揖右人，则右其手。襜，整貌。趋进，翼如也。疾趋而进，张拱端好，如鸟舒翼。宾退，必复命曰："宾不顾矣。"纾君敬也。此一节，记孔子为君摈相之容。

入公门，鞠躬如也，如不容。鞠躬，曲身也。公门高大而若不容，敬之至也。立不中门，行不履阈。阈，于逼反。中门，中于门也。谓当枨闑之间，君出入处也。阈，门限也。礼：士大夫出入君门，由闑右，不践阈。谢氏曰："立中门则当尊，行履阈则不恪。"过位，色勃如也，足躩如也，其言似不足者。位，君之虚位。谓门屏之间，人君宁立之处，所谓宁也。君虽不在，过之必敬，不敢以虚位而慢之也。言似不足，不敢肆也。摄齐升堂，鞠躬如也，屏气似不息者。齐，音咨。摄，抠也。齐，衣下缝也。礼：将升堂，两手抠衣，使去地尺，恐蹑之而倾跌失容也。屏，藏也。息，鼻息出入者也。近至尊，气容肃也。出，降一等，逞颜色，怡怡如也。没阶，趋，翼如也。复其位，踧踖如也。陆氏曰："趋下本无进字，俗本有之，误也。"等，阶之级也。逞，放也。渐远所尊，舒气解颜。怡怡，和悦也。没阶，下尽阶也。趋，走就位也。复位踧踖，敬之余也。此一节，记孔子在朝之容。

执圭，鞠躬如也，如不胜。上如揖，下如授。勃如战色，足蹜蹜，如有循。胜，平声。缩，色六反。圭，诸侯命圭。聘问邻国，则使大夫执以通信。如不胜，执主器，执轻如不克，敬谨之至也。上如揖，下如授，谓执圭平衡，手与心齐，高不过揖，卑不过授也。战色，战而色惧也。蹜蹜，举足促狭也。如有循，《记》所谓举前曳踵，言行不离地，如缘物也。享礼，有容色。享，献也。既聘而享，用圭璧，有庭实。有容色，和也。《仪礼》曰："发气满容。"私觌，愉愉如也。私觌，以私礼见也。愉愉，则又和矣。此一节，记孔子为君聘于邻国之礼也。晁氏曰："孔子，定公九年仕鲁，至十三年适齐，其间绝无朝聘往来之事。疑使摈、执圭两条，但孔子尝言其礼当如此尔。"

君子不以绀緅饰。绀，古暗反。緅，侧由反。君子，谓孔子。绀，深青扬赤色，齐服也。緅，绛色。三年之丧，以饰练服也。饰，领缘也。红紫不以为亵服。

红紫，间色不正，且近于妇人女子之服也。亵服，私居服也。言此，则不以为朝祭之服可知。当暑，袗絺绤，必表而出之。袗，单也。葛之精者曰絺，粗者曰绤。表而出之，谓先着里衣，表絺绤而出之于外，欲其不见体也。《诗》所谓“蒙彼绉絺”是也。缁衣，羔裘；素衣，麑裘；黄衣，狐裘。麑，研奚反。缁，黑色。羔裘，用黑羊皮。麑，鹿子，色白。狐，色黄。衣以裼裘，欲其相称。亵裘长，短右袂。长，欲其温。短右袂，所以便作事。必有寝衣，长一身有半。长，去声。齐主于敬，不可解衣而寝，又不可着明衣而寝，故别有寝衣，其半盖以覆足。程子曰：“此错简，当在齐，必有明衣布之下。”愚谓如此，则此条与明衣、变食，既得以类相从；而亵、裘、狐、貉，亦得以类相从矣。狐貉之厚以居。狐貉，毛深温厚，私居取其适体。去丧，无所不佩。去，上声。君子无故，玉不去身。觿砺之属，亦皆佩也。非帷裳，必杀之。杀，去声。朝祭之服，裳用正幅如帷，要有襞积，而旁无杀缝。其余若深衣，要半下，齐倍要，则无襞积而有杀缝矣。羔裘玄冠不以吊。丧主素，吉主玄。吊必变服，所以哀死。吉月，必朝服而朝。吉月，月朔也。孔子在鲁致仕时如此。此一节，记孔子衣服之制。苏氏曰：“此孔氏遗书，杂记曲礼，非特孔子事也。”

齐，必有明衣，布。齐，侧皆反。齐，必沐浴，浴竟，即着明衣，所以明洁其体也，以布为之。此下脱前章寝衣一简。齐，必变食，居必迁坐。变食，谓不饮酒、不茹荤。迁坐，易常处也。此一节，记孔子谨齐之事。杨氏曰：“齐所以交神，故致洁变常以尽敬。”

食不厌精，脍不厌细。食，音嗣。食，饭也。精，凿也。牛羊与鱼之腥，聂而切之为脍。食精则能养人，脍粗则能害人。不厌，言以是为善，非谓必欲如是也。食饐而餲，鱼馁而肉败，不食。色恶，不食。臭恶，不食。失饪，不食。不时，不食。食饐之食，音嗣。饐，于冀反。餲，乌迈反。饪，而甚反。饐，饭伤热湿也。餲，味变也。鱼烂曰馁。肉腐曰败。色恶臭恶，未败而色臭变也。饪，烹调生熟之节也。不时，五谷不成，果实未熟之类。此数者皆足以伤人，故不食。割不正，不食。不得其酱，不食。割肉不方正者不食，造次不离于正也。汉陆续之母，切肉未尝不方，断葱以寸为度，盖其质美，与此暗合也。食肉用酱，各有所宜，不得则不食，恶其不备也。此二者，无害于人，但不以嗜味而苟食耳。肉虽多，不使胜食气。惟酒无量，不及乱。食，音嗣。量，去声。食以谷为主，故不使肉胜食气。酒以为人合欢，故不为量，但以醉为节而不及乱耳。程子曰：“不及乱者，非惟不使乱志，虽血气亦不可使乱，但浃洽而已可也。”沽酒市脯不食。沽、市，皆买也。恐不精洁，或伤人也，与不尝康子之药同意。不撤姜食。姜，通神明，去秽恶，故不撤。不多食。适可而止,无贪心也。祭于公,不宿肉。祭肉不出三日。出三日,不食之矣。助祭于公,所得胙肉,归即颁赐。不俟经宿者,不留神惠也。家之祭肉,则不过三日,皆以分赐。盖过三日,则肉必败,而人不食之,是亵鬼神之余也。但比君所赐胙,可少缓耳。食不语,寝不言。答述曰语。自言曰言。范氏曰:"圣人存心不他,当食而食,当寝而寝,言语非其时也。"杨氏曰:"肺为气主而声出焉,寝食则气窒而不通,语言恐伤之也。"亦通。虽疏食菜羹,瓜祭,必齐如也。食,音嗣。陆氏曰:"《鲁论》瓜作必。"古人饮食,每种各出少许,置之豆间之地,以祭先代始为饮食之人,不忘本也。齐,严敬貌。孔子虽薄物必祭,其祭必敬,圣人之诚也。此一节,记孔子饮食之节。谢氏曰:"圣人饮食如此,非极口腹之欲,盖养气体,不以伤生,当如此。然圣人之所不食,穷口腹者或反食之,欲心胜而不暇择也。"

席不正,不坐。谢氏曰:"圣人心安于正,故于位之不正者,虽小不处。"

乡人饮酒,杖者出,斯出矣。杖者,老人也。六十杖于乡,未出不敢先,既出不敢后。乡人傩,朝服而立于阼阶。傩,乃多反。傩,所以逐疫,《周礼》方相氏掌之。阼阶,东阶也。傩虽古礼而近于戏,亦必朝服而临之者,无所不用其诚敬也。或曰:"恐其惊先祖五祀之神,欲其依己而安也。"此一节,记孔子居乡之事。

问人于他邦,再拜而送之。拜送使者,如亲见之,敬也。康子馈药,拜而受之。曰:"丘未达,不敢尝。"范氏曰:"凡赐食,必尝以拜。药未达,则不敢尝。受而不饮,则虚人之赐,故告之如此。然则可饮而饮,不可饮而不饮,皆在其中矣。"杨氏曰:"大夫有赐,拜而受之,礼也。未达不敢尝,谨疾也。必告之,直也。"此一节,记孔子与人交之诚意。

厩焚。子退朝,曰:"伤人乎?"不问马。非不爱马,然恐伤人之意多,故未暇问。盖贵人贱畜,理当如此。

君赐食,必正席先尝之;君赐腥,必熟而荐之;君赐生,必畜之。食恐或馂余,故不以荐。正席先尝,如对君也。言先尝,则余当以颁赐矣。腥,生肉。熟而荐之祖考,荣君赐也。畜之者,仁君之惠,无故不敢杀也。侍食于君,君祭,先饭。饭,扶晚反。《周礼》:"王日一举,膳夫授祭,品尝食,王乃食。"故侍食者,君祭,则己不祭而先饭。若为君尝食然,不敢当客礼也。疾,君视之,东首,加朝服,拖绅。首,去声。拖,徒我反。东首,以受生气也。病卧不能着衣束带,又不可以亵服见君,故加朝服于身,又引大带于上也。君命召,不俟驾行矣。急趋君命,行出而驾车随之。此一节,记孔子事君之礼。

入太庙,每事问。重出。

朋友死,无所归。曰:"于我殡。"朋友以义合,死无所归,不得不殡。朋友之馈，虽车马，非祭肉，不拜。朋友有通财之义，故虽车马之重不拜。祭肉则拜者，敬其祖考，同于己亲也。此一节，记孔子交朋友之义。

寝不尸，居不容。尸，谓偃卧似死人也。居，居家。容，容仪。范氏曰："寝不尸，非恶其类于死也。惰慢之气不设于身体，虽舒布其四体，而亦未尝肆耳。居不容，非惰也。但不若奉祭祀、见宾客而已，申申、夭夭是也。"见齐衰者，虽狎，必变。见冕者与瞽者，虽亵，必以貌。狎，谓素亲狎。亵，谓燕见。貌，谓礼貌。余见前篇。凶服者式之。式负版者。式，车前横木。有所敬，则俯而凭之。负版，持邦国图籍者。式此二者，哀有丧，重民数也。人惟万物之灵，而王者之所天也，故《周礼》"献民数于王，王拜受之"。况其下者，敢不敬乎？有盛馔，必变色而作。敬主人之礼，非以其馔也。迅雷风烈，必变。迅，疾也。烈，猛也。必变者，所以敬天之怒。《记》曰："若有疾风、迅雷、甚雨则必变，虽夜必兴，衣服冠而坐。"此一节，记孔子容貌之变。升车，必正立执绥。绥，挽以上车之索也。范氏曰："正立执绥，则心体无不正，而诚意肃恭矣。盖君子庄敬无所不在，升车则见于此也。"车中，不内顾，不疾言，不亲指。内顾，回视也。《礼》曰："顾不过毂。"三者皆失容，且惑人。此一节，记孔子升车之容。

色斯举矣，翔而后集。言鸟见人之颜色不善，则飞去，回翔审视而后下止。人之见几而作，审择所处，亦当如此。然此上下，必有阙文矣。曰："山梁雌雉，时哉！时哉！"子路共之，三嗅而作。共，九用反，又居勇反。嗅，许又反。邢氏曰："梁，桥也。时哉，言雉之饮啄得其时。子路不达，以为时物而共具之。孔子不食，三嗅其气而起。"晁氏曰："《石经》'嗅'作戛，谓雉鸣也。"刘聘君曰："嗅，当作狊，古阒反。张两翅也。见《尔雅》。"愚按：如后两说，则共字当为拱执之义。然此必有阙文，不可强为之说。姑记所闻，以俟知者。

卷　六

先进第十一

此篇多评弟子贤否。凡二十五[①]章。胡氏曰："此篇记闵子骞言行者四，而其一直称闵子，疑闵氏门人所记也。"

子曰："先进于礼乐，野人也；后进于礼乐，君子也。先进、后进，犹言前辈、后辈。野人，谓郊外之民。君子，谓贤士大夫也。程子曰："先进于礼乐，文质得宜，今反谓之质朴，而以为野人。后进之于礼乐，文过其质，今反谓之彬彬，而以为君子。盖周末文胜，故时人之言如此，不自知其过于文也。"如用之，则吾从先进。"用之，谓用礼乐。孔子既述时人之言，又自言其如此，盖欲损过以就中也。

子曰："从我于陈、蔡者，皆不及门也。从，去声。孔子尝厄于陈、蔡之间，弟子多从之者，此时皆不在门。故孔子思之，盖不忘其相从于患难之中也。德行：颜渊、闵子骞、冉伯牛、仲弓。言语：宰我、子贡。政事：冉有、季路。文学：子游、子夏。"行，去声。弟子因孔子之言，记此十人，而并目其所长，分为四科。孔子教人各因其材，于此可见。程子曰："四科乃从夫子于陈、蔡者尔，门人之贤者固不止此。曾子传道而不与焉，故知十哲世俗论也。"

子曰："回也非助我者也，于吾言无所不说。"说，音悦。助我，若子夏之起予，因疑问而有以相长也。颜子于圣人之言，默识心通，无所疑问。故夫子云然，其辞若有憾焉，其实乃深喜之。胡氏曰："夫子之于回，岂真以助我望之。盖圣人之谦德，

① "五"，吴本作"七"，今据宋本、元本、清内府本改。

又以深赞颜氏云尔。”

子曰：“孝哉闵子骞！人不间于其父母昆弟之言。”间，去声。胡氏曰：“父母兄弟称其孝友，人皆信之无异词者，盖其孝友之实，有以积于中而著于外，故夫子叹而美之。”

南容三复白圭，孔子以其兄之子妻之。三、妻，并去声。《诗·大雅·抑》之篇曰：“白圭之玷，尚可磨也；斯言之玷，不可为也。”南容一日三复此言，事见《家语》，盖深有意于谨言也。此邦有道所以不废，邦无道所以免祸，故孔子以兄子妻之。范氏曰：“言者行之表，行者言之实，未有易其言而能谨于行者。南容欲谨其言如此，则必能谨其行矣。”

季康子问：“弟子孰为好学？”孔子对曰：“有颜回者好学，不幸短命死矣！今也则亡。”好，去声。范氏曰：“哀公、康子问同而对有详略者，臣之告君，不可不尽。若康子者，必待其能问乃告之，此教诲之道也。”

颜渊死，颜路请子之车以为之椁。颜路，渊之父，名无繇。少孔子六岁，孔子始教而受学焉。椁，外棺也。请为椁，欲卖车以买椁也。子曰：“才不才，亦各言其子也。鲤也死，有棺而无椁。吾不徒行以为之椁。以吾从大夫之后，不可徒行也。”鲤，孔子之子伯鱼也，先夫子卒。言鲤之才虽不及颜渊，然己与颜路以父视之，则皆子也。孔子时已致仕，尚从大夫之列，言后，谦辞。胡氏曰：“孔子遇旧馆人之丧，尝脱骖以赙之矣。今乃不许颜路之请，何耶？葬可以无椁，骖可以脱而复求，大夫不可以徒行，命车不可以与人而鬻诸市也。且为所识穷乏者得我，而勉强以副其意，岂诚心与直道哉？或者以为君子行礼，视吾之有无而已。夫君子之用财，视义之可否，岂独视有无而已哉？”

颜渊死，子曰：“噫！天丧予！天丧予！”丧，去声。噫，伤痛声。悼道无传，若天丧己也。

颜渊死，子哭之恸。从者曰：“子恸矣。”从，去声。恸，哀过也。曰：“有恸乎？哀伤之至，不自知也。非夫人之为恸而谁为！”夫，音扶。为，去声。夫人，谓颜渊。言其死可惜，哭之宜恸，非他人之比也。胡氏曰：“痛惜之至，施当其可，皆情性之正也。”

颜渊死，门人欲厚葬之，子曰：“不可。”丧具称家之有无，贫而厚葬，不循理也。故夫子止之。门人厚葬之。盖颜路听之。子曰：“回也视予犹父也，予不得视犹子也。非我也，夫二三子也。”叹不得如葬鲤之得宜，以责门人也。

季路问事鬼神。子曰：“未能事人，焉能事鬼？”敢问死。曰：

"未知生,焉知死?"焉,于虔反。问事鬼神,盖求所以奉祭祀之意。而死者人之所必有,不可不知,皆切问也。然非诚敬足以事人,则必不能事神;非原始而知所以生,则必不能反终而知所以死。盖幽明始终,初无二理,但学之有序,不可躐等,故夫子告之如此。程子曰:"昼夜者,死生之道也。知生之道,则知死之道;尽事人之道,则尽事鬼之道。死生人鬼,一而二、二而一者也。或言夫子不告子路,不知此乃所以深告之也。"

闵子侍侧,訚訚如也;子路,行行如也;冉有、子贡,侃侃如也。子乐。訚、侃,音义见前篇。行,胡浪反。乐,音洛。行行,刚强之貌。子乐者,乐得英材而教育之。"若由也,不得其死然。"尹氏曰:"子路刚强,有不得其死之理,故因以戒之。其后子路卒死于卫孔悝之难。"洪氏曰:"《汉书》引此句,上有曰字。"或云:"上文乐字,即曰字之误。"

鲁人为长府。长府,藏名。藏货财曰府。为,盖改作之。闵子骞曰:"仍旧贯,如之何?何必改作?"仍,因也。贯,事也。王氏曰:"改作,劳民伤财。在于得已,则不如仍旧贯之善。"子曰:"夫人不言,言必有中。"夫,音扶。中,去声。言不妄发,发必当理,惟有德者能之。

子曰:"由之瑟,奚为于丘之门?"程子曰:"言其声之不和,与己不同也。"《家语》云:"子路鼓瑟,有北鄙杀伐之声。"盖其气质刚勇,而不足于中和,故其发于声者如此。门人不敬子路。子曰:"由也升堂矣,未入于室也。"门人以夫子之言,遂不敬子路,故夫子释之。升堂入室,喻入道之次第。言子路之学,已造乎正大高明之域,特未深入精微之奥耳,未可以一事之失而遽忽之也。

子贡问:"师与商也孰贤?"子曰:"师也过,商也不及。"子张才高意广,而好为苟难,故常过中。子夏笃信谨守,而规模狭隘,故常不及。曰:"然则师愈与?"与,平声。愈,犹胜也。子曰:"过犹不及。"道以中庸为至。贤知之过,虽若胜于愚不肖之不及,然其失中则一也。尹氏曰:"中庸之为德也,其至矣乎!夫过与不及,均也。差之毫厘,缪以千里。故圣人之教,抑其过,引其不及,归于中道而已。"

季氏富于周公,而求也为之聚敛而附益之。为,去声。周公以王室至亲,有大功,位冢宰,其富宜矣。季氏以诸侯之卿,而富过之,非攘夺其君、刻剥其民,何以得此?冉有为季氏宰,又为之急赋税以益其富。子曰:"非吾徒也。小子鸣鼓而攻之,可也。"非吾徒,绝之也。小子鸣鼓而攻之,使门人声其罪以责之也。圣人之恶党恶而害民也如此。然师严而友亲,故己绝之,而犹使门人正之,又见其爱人之无已也。范氏曰:"冉有以政事之才,施于季氏,故为不善至于如此。由其心术不明,不能反求诸身,而以仕为急故也。"

柴也愚,柴,孔子弟子,姓高,字子羔。愚者,知不足而厚有余。《家语》记其"足不履影，启蛰不杀，方长不折。执亲之丧，泣血三年，未尝见齿。避难而行，不径不窦”。可以见其为人矣。**参也鲁，**鲁，钝也。程子曰：“参也竟以鲁得之。”又曰：“曾子之学，诚笃而已。圣门学者，聪明才辨，不为不多，而卒传其道，乃质鲁之人尔。故学以诚实为贵也。”尹氏曰：“曾子之才鲁，故其学也确，所以能深造乎道也。”**师也辟，**辟，婢亦反。辟，便辟也。谓习于容止，少诚实也。**由也喭。**喭，五旦反。喭，粗俗也。传称喭者，谓俗论也。杨氏曰：“四者性之偏，语之使知自励也。”吴氏曰：“此章之首，脱‘子曰’二字。或疑下章子曰，当在此章之首，而通为一章。”

子曰：“回也其庶乎，屡空。庶，近也。言近道也。屡空，数至空匮也。不以贫窭动心而求富，故屡至于空匮也。言其近道，又能安贫也。**赐不受命，而货殖焉，亿则屡中。”**中，去声。命，谓天命。货殖，货财生殖也。亿，意度也。言子贡不如颜子之安贫乐道，然其才识之明，亦能料事而多中也。程子曰：“子贡之货殖，非若后人之丰财，但此心未忘耳。然此亦子贡少时事，至闻性与天道，则不为此矣。”范氏曰：“屡空者，箪食瓢饮屡绝而不改其乐也。天下之物，岂有可动其中者哉？贫富在天，而子贡以货殖为心，则是不能安受天命矣。其言而多中者，亿而已，非穷理乐天者也。夫子尝曰：‘赐不幸言而中，是使赐多言也。’圣人之不贵言也如是。”

子张问善人之道。子曰：“不践迹，亦不入于室。”善人，质美而未学者也。程子曰：“践迹，如言循途守辙。善人虽不必践旧迹而自不为恶，然亦不能入圣人之室也。”张子曰：“善人欲仁而未志于学者也。欲仁，故虽不践成法，亦不蹈于恶，有诸己也。由不学，故无自而入圣人之室也。”

子曰：“论笃是与，君子者乎？色庄者乎？”与，如字。言但以其言论笃实而与之，则未知其为君子者乎？为色庄者乎？言不可以言貌取人也。

子路问：“闻斯行诸？”子曰：“有父兄在，如之何其闻斯行之？”冉有问：“闻斯行诸？”子曰：“闻斯行之。”公西华曰：“由也问‘闻斯行诸’，子曰‘有父兄在’；求也问‘闻斯行诸’，子曰‘闻斯行之’。赤也惑，敢问。”子曰：“求也退，故进之；由也兼人，故退之。”兼人，谓胜人也。张敬夫曰：“闻义固当勇为，然有父兄在，则有不可得而专者。若不禀命而行，则反伤于义矣。子路有闻，未之能行，唯恐有闻。则于所当为，不患其不能为矣；特患为之之意或过，而于所当禀命者有阙耳。若冉求之资禀失之弱，不患其不禀命也，患其于所当为者逡巡畏缩，而为之不勇耳。圣人一进之，一退之，所以约之于义理之中，而使之无过不及之患也。”

子畏于匡，颜渊后。子曰：“吾以女为死矣。”曰：“子在，回何敢死？”女，音汝。后，谓相失在后。何敢死，谓不赴斗而必死也。胡氏曰：“先王之制，民生于三，事之如一。惟其所在，则致死焉。况颜渊之于孔子，恩义兼尽，又非他人之为师弟子者而已。即夫子不幸而遇难，回必捐生以赴之矣。捐生以赴之，幸而不死，则必上告天子、下告方伯，请讨以复雠，不但已也。夫子而在，则回何为而不爱其死，以犯匡人之锋乎？”

季子然问：“仲由、冉求可谓大臣与？”与，平声。子然，季氏子弟。自多其家得臣二子，故问之。子曰：“吾以子为异之问，曾由与求之问。异，非常也。曾，犹乃也。轻二子以抑季然也。所谓大臣者：以道事君，不可则止。以道事君者，不从君之欲。不可则止者，必行己之志。今由与求也，可谓具臣矣。”具臣，谓备臣数而已。曰：“然则从之者与？”与，平声。意二子既非大臣，则从季氏之所为而已。子曰：“弑父与君，亦不从也。”言二子虽不足于大臣之道，然君臣之义则闻之熟矣，弑逆大故，必不从之。盖深许二子以死难不可夺之节，而又以阴折季氏不臣之心也。尹氏曰：“季氏专权僭窃，二子仕其家而不能正也，知其不可而不能止也，可谓具臣矣。是时季氏已有无君之心，故自多其得人。意其可使从己也，故曰弑父与君，亦不从也，其庶乎二子可免矣。”

子路使子羔为费宰。子路为季氏宰而举之也。子曰：“贼夫人之子。”夫，音扶，下同。贼，害也。言子羔质美而未学，遽使治民，适以害之。子路曰：“有民人焉，有社稷焉，何必读书，然后为学？”言治民、事神皆所以为学。子曰：“是故恶夫佞者。”恶，去声。治民、事神，固学者事，然必学之已成，然后可仕以行其学。若初未尝学，而使之即仕以为学，其不至于慢神而虐民者几希矣。子路之言，非其本意，但理屈词穷，而取辨于口以御人耳。故夫子不斥其非，而特恶其佞也。范氏曰：“古者学而后入政，未闻以政学者也。盖道之本在于修身，而后及于治人，其说具于方册。读而知之，然后能行，何可以不读书也？子路乃欲使子羔以政为学，失先后本末之序矣。不知其过而以口给御人，故夫子恶其佞也。”

子路、曾皙、冉有、公西华侍坐。坐，才卧反。皙，曾参父，名点。子曰：“以吾一日长乎尔，毋吾以也。长，上声。言我虽年少长于女，然女勿以我长而难言。盖诱之尽言以观其志，而圣人和气谦德，于此亦可见矣。居则曰：‘不吾知也！’如或知尔，则何以哉？”言女平居，则言人不知我。如或有人知女，则女将何以为用也？子路率尔而对曰：“千乘之国，摄乎大国之间，加之以师旅，因之以饥馑，由也为之，比及三年，可使有勇，且知方也。”夫子哂之。乘，去声。饥，音机。馑，音仅。比，必二反，下同。哂，诗忍反。率尔，轻遽之貌。摄，管束也。二千五百人为师，五百人为旅。因，仍也。谷不熟曰饥，菜不熟曰馑。方，向也，谓向义也。民向义，则能亲其上，死其长矣。哂，微笑也。“求！尔何如?”对曰:“方六七十,如五六十,求也为之,比及三年,可使足民。如其礼乐,以俟君子。”求,尔何如?孔子问也,下放此。方六七十里,小国也。如,犹或也。五六十里,则又小矣。足,富足也。俟君子,言非己所能。冉有谦退,又以子路见哂,故其词益逊。“赤!尔何如?”对曰:“非曰能之,愿学焉。宗庙之事,如会同,端章甫,愿为小相焉。”相,去声。公西华志于礼乐之事,嫌以君子自居。故将言己志而先为逊词,言未能而愿学也。宗庙之事,谓祭祀。诸侯时见曰会,众覜曰同。端,玄端服。章甫,礼冠。相,赞君之礼者。言“小”,亦谦辞。“点!尔何如?”鼓瑟希,铿尔,舍瑟而作,对曰:“异乎三子者之撰。”子曰:“何伤乎?亦各言其志也。”曰:“莫春者,春服既成,冠者五六人,童子六七人,浴乎沂,风乎舞雩,咏而归。”夫子喟然叹曰:“吾与点也!”铿,苦耕反。舍,上声。撰,士免反。莫、冠,并去声。沂,鱼依反。雩音于。四子侍坐,以齿为序,则点当次对。以方鼓瑟,故孔子先问求、赤而后及点也。希,间歇也。作,起也。撰,具也。春服,单袷之衣。浴,盥濯也,今上巳祓除是也。沂,水名,在鲁城南,地志以为有温泉焉,理或然也。风,乘凉也。舞雩,祭天祷雨之处,有坛墠树木也。咏,歌也。曾点之学,盖有以见夫人欲尽处,天理流行,随处充满,无少欠阙,故其动静之际,从容如此。而其言志,则又不过即其所居之位,乐其日用之常,初无舍己为人之意。而其胸次悠然,直与天地万物上下同流,各得其所之妙,隐然自见于言外。视三子之规规于事为之末者,气象不侔矣,故夫子叹息而深许之。而门人记其本末独加详焉,盖亦有以识此矣。三子者出,曾皙后。曾皙曰:“夫三子者之言何如?”子曰:“亦各言其志也已矣。”夫,音扶。曰:“夫子何哂由也?”点以子路之志,乃所优为,而夫子哂之,故请其说。曰:“为国以礼,其言不让,是故哂之。”夫子盖许其能,特哂其不逊。“唯求则非邦也与?”“安见方六七十如五六十而非邦也者?”与,平声,下同。曾点以冉求亦欲为国而不见哂,故微问之。而夫子之答无贬词,盖亦许之。“唯赤则非邦也与?”“宗庙会同,非诸侯而何?赤也为之小,孰能为之大?”此亦曾皙问而夫子答也。孰能为之大,言无能出其右者,亦许之之词。程子曰:“古之学者,优柔厌饫,有先后之序。如子路、冉有、公西赤言志如此,夫子许之,亦以此自是实事。后之学者好高,如人游心千里之外,然自身却只在此。”又曰:“孔子与点,盖与圣人之志同,便是尧舜气象也。诚异三子者之撰,特行有不掩焉耳,此所谓狂也。子路等所见者小,子路只为不达为国以礼道理,是以哂之。若达,却便是这气象也。”又曰:“三子皆欲得国而治之,故孔子不取。曾点,狂者也,未必能为圣人之事,而能知夫子之志。故曰浴乎沂,风乎舞雩,咏而归,言乐而得其所也。孔子之志,在于老者安之,朋友信之,少者怀之,使万物莫不遂其性。曾点知之,故孔子喟然叹曰:‘吾与点也。’”又曰:“曾点、漆雕开,已见大意。”

颜渊第十二

凡二十四章。

颜渊问仁。子曰:“克己复礼为仁。一日克己复礼,天下归仁焉。为仁由己,而由人乎哉?”仁者,本心之全德。克,胜也。己,谓身之私欲也。复,反也。礼者,天理之节文也。为仁者,所以全其心之德也。盖心之全德,莫非天理,而亦不能不坏于人欲。故为仁者必有以胜私欲而复于礼,则事皆天理,而本心之德复全于我矣。归,犹与也。又言一日克己复礼,则天下之人皆与其仁,极言其效之甚速而至大也。又言为仁由己而非他人所能预,又见其机之在我而无难也。日日克之,不以为难,则私欲净尽,天理流行,而仁不可胜用矣。程子曰:“非礼处便是私意。既是私意,如何得仁?须是克尽己私,皆归于礼,方始是仁。”又曰:“克己复礼,则事事皆仁,故曰天下归仁。”谢氏曰:“克己须从性偏难克处克将去。”颜渊曰:“请问其目。”子曰:“非礼勿视,非礼勿听,非礼勿言,非礼勿动。”颜渊曰:“回虽不敏,请事斯语矣。”目,条件也。颜渊闻夫子之言,则于天理人欲之际,已判然矣,故不复有所疑问,而直请其条目也。非礼者,己之私也。勿者,禁止之辞。是人心之所以为主,而胜私复礼之机也。私胜,则动容周旋无不中礼,而日用之间,莫非天理之流行矣。事,如事事之事。请事斯语,颜子默识其理,又自知其力有以胜之,故直以为己任而不疑也。程子曰:“颜渊问克己复礼之目,子曰:‘非礼勿视,非礼勿听,非礼勿言,非礼勿动。’四者身之用也。由乎中而应乎外,制于外所以养其中也。颜渊事斯语,所以进于圣人。后之学圣人者,宜服膺而勿失也,因箴以自警。其《视箴》曰:‘心兮本虚,应物无迹。操之有要,视为之则。蔽交于前,其中则迁。制之于外,以安其内。克己复礼,久而诚矣。’其《听箴》曰:‘人有秉彝,本乎天性。知诱物化,遂亡其正。卓彼先觉,知止有定。闲邪存诚,非礼勿听。’其《言箴》曰:‘人心之动,因言以宣。发禁躁妄,内斯静专。矧是枢机,兴戎出好。吉凶荣辱,惟其所召。伤易则诞,伤烦则支。己肆物忤,出悖来违。非法不道,钦哉训辞!’其《动箴》曰:‘哲人知几,诚之于思;志士励行,守之于为。顺理则裕,从欲惟危;造次克念,战兢自持。习与性成,圣贤同归。’”愚按:此章问答,乃传授心法切要之言,非至明不能察其几,非至健不能致其决,故惟颜子得闻之,而凡学者亦不可以不勉也。程子之箴,发明亲切,学者尤宜深玩。

仲弓问仁。子曰:“出门如见大宾,使民如承大祭。己所不欲,勿施于人。在邦无怨,在家无怨。”仲弓曰:“雍虽不敏,请事斯语矣。”敬以持己,恕以及物,则私意无所容而心德全矣。内外无怨,亦以其效言之,使以自考也。程子曰:“孔子言仁,只说出门如见大宾,使民如承大祭。看其气象,便须心广体胖,动容周旋中礼。惟谨独,便是守之之法。”或问:“出门、使民之时,如此可也;未出门、使民之时,如之何?”曰:“此俨若思时也,有诸中而后见于外。观其出门、使民之时,其敬如此,则前乎此者敬可知矣。非因出门、使民,然后有此敬也。”愚按:克己复礼,乾道也;主敬行恕,坤道也。颜、冉之学,其高下浅深,于此可见。然学者诚能从事于敬恕之间而有得焉,亦将无己之可克矣。

司马牛问仁。司马牛,孔子弟子,名犁,向魋之弟。子曰:“仁者其言也讱。”讱,音刃。讱,忍也,难也。仁者心存而不放,故其言若有所忍而不易发,盖其德之一端也。夫子以牛多言而躁,故告之以此。使其于此而谨之,则所以为仁之方,不外是矣。曰:“其言也讱,斯谓之仁已乎?”子曰:“为之难,言之得无讱乎?”牛意仁道至大,不但如夫子之所言,故夫子又告之以此。盖心常存,故事不苟;事不苟,故其言自有不得而易者,非强闭之而不出也。杨氏曰:“观此及下章再问之语,牛之易其言可知。”程子曰:“虽为司马牛多言故及此,然圣人之言,亦止此为是。”愚谓牛之为人如此,若不告之以其病之所切,而泛以为仁之大概语之,则以彼之躁,必不能深思以去其病,而终无自以入德矣。故其告之如此。盖圣人之言,虽有高下大小之不同,然其切于学者之身,而皆为入德之要,则又初不异也。读者其致思焉。

司马牛问君子。子曰:“君子不忧不惧。”向魋作乱,牛常忧惧,故夫子告之以此。曰:“不忧不惧,斯谓之君子已乎?”子曰:“内省不疚,夫何忧何惧?”夫,音扶。牛之再问,犹前章之意,故复告之以此。疚,病也。言由其平日所为无愧于心,故能内省不疚,而自无忧惧,未可遽以为易而忽之也。晁氏曰:“不忧不惧,由乎德全而无疵。故无入而不自得,非实有忧惧而强排遣之也。”

司马牛忧曰:“人皆有兄弟,我独亡。”牛有兄弟而云然者,忧其为乱而将死也。子夏曰:“商闻之矣:盖闻之夫子。死生有命,富贵在天。命禀于有生之初,非今所能移;天莫之为而为,非我所能必,但当顺受而已。君子敬而无失,与人恭而有礼。四海之内,皆兄弟也。君子何患乎无兄弟也?”既安于命,又当修其在己者。故又言苟能持己以敬而不间断,接人以恭而有节文,则天下之人皆爱敬之,如兄弟矣。盖子夏欲以宽牛之忧,故为是不得已之辞,读者不以辞害意可也。胡氏曰:“子夏四海皆兄弟之言,特以广司马牛之意,意圆而语滞者也,惟圣人则无此病矣。且子夏知此而以哭子丧明,则以蔽于爱而昧于理,是以不能践其言尔。”

子张问明。子曰:“浸润之谮,肤受之愬,不行焉,可谓明也已矣。浸润之谮,肤受之愬,不行焉,可谓远也已矣。”谮,庄荫反。愬,苏路反。浸润,如水之浸灌滋润,渐渍而不骤也。谮,毁人之行也。肤受,谓肌肤所受,利害切身。如《易》所谓“剥床以肤,切近灾”者也。愬,愬己之冤也。毁人者渐渍而不骤,则听者不觉其入,而信之深矣。愬冤者急迫而切身,则听者不及致详,而发之暴矣。二者难察而能察之,则可见其心之明,而不蔽于近矣。此亦必因子张之失而告之,故其词繁而不杀,以致丁宁之意云。杨氏曰:“骤而语之,与利害不切于身者,不行焉,有不待明者能之也。故浸润之谮、肤受之愬不行,然后谓之明,而又谓之远。远则明之至也。《书》曰:‘视远惟明。’”

子贡问政。子曰:“足食,足兵,民信之矣。”言仓廪实而武备修,然后教化行,而民信于我,不离叛也。子贡曰:“必不得已而去,于斯三者何先?”曰:“去兵。”去,上声,下同。言食足而信孚,则无兵而守固矣。子贡曰:“必不得已而去,于斯二者何先?”曰:“去食。自古皆有死,民无信不立。”民无食必死,然死者人之所必不免。无信则虽生而无以自立,不若死之为安。故宁死而不失信于民,使民亦宁死而不失信于我也。程子曰:“孔门弟子善问,直穷到底,如此章者,非子贡不能问,非圣人不能答也。”愚谓以人情而言,则兵食足而后吾之信可以孚于民。以民德而言,则信本人之所固有,非兵食所得而先也。是以为政者,当身率其民而以死守之,不以危急而可弃也。

棘子成曰:“君子质而已矣,何以文为?”棘子成,卫大夫。疾时人文胜,故为此言。子贡曰:“惜乎!夫子之说,君子也。驷不及舌。言子成之言,乃君子之意。然言出于舌,则驷马不能追之,又惜其失言也。文犹质也,质犹文也。虎豹之鞟犹犬羊之鞟。”鞟,其郭反。鞟,皮去毛者也。言文质等耳,不可相无。若必尽去其文而独存其质,则君子小人无以辨矣。夫棘子成矫当时之弊,固失之过;而子贡矫子成之弊,又无本末轻重之差,胥失之矣。

哀公问于有若曰:“年饥,用不足,如之何?”称有若者,君臣之词。用,谓国用。公意盖欲加赋以足用也。有若对曰:“盍彻乎?”彻,通也,均也。周制:一夫受田百亩,而与同沟共井之人通力合作,计亩均收。大率民得其九,公取其一,故谓之彻。鲁自宣公税亩,又逐亩什取其一,则为什而取二矣。故有若请但专行彻法,欲公节用以厚民也。曰:“二,吾犹不足,如之何其彻也?”二,即所谓什二也。公以有若不喻其旨,故言此以示加赋之意。对曰:“百姓足,君孰与不足?百姓不足,君孰与足?”民富则君不至独贫,民贫则君不能独富。有若深言君民一体之意,以止公之厚敛,为人上者所宜深念也。杨氏曰:“仁政必自经界始。经界正,而后井地均、谷禄平,而军国之需,皆量是以为出焉。故一彻而百度举矣,上下宁忧不足乎?

以二犹不足而教之彻,疑若迂矣。然什一,天下之中正。多则桀,寡则貉,不可改也。后世不究其本而惟末之图,故征敛无艺,费出无经,而上下困矣。又恶知盍彻之当务而不为迂乎?”

子张问崇德、辨惑。子曰:“主忠信,徙义,崇德也。主忠信,则本立。徙义,则日新。爱之欲其生,恶之欲其死。既欲其生,又欲其死,是惑也。恶,去声。爱恶,人之常情也。然人之生死有命,非可得而欲也。以爱恶而欲其生死,则惑矣。既欲其生,又欲其死,则惑之甚也。‘诚不以富,亦只以异。’”此《诗·小雅·我行其野》之词也。旧说:夫子引之,以明欲其生死者不能使之生死。如此诗所言,不足以致富而适足以取异也。程子曰:“此错简,当在第十六篇齐景公有马千驷之上。因此下文亦有齐景公字而误也。”杨氏曰:“堂堂乎张也,难与并为仁矣。则非诚善补过不蔽于私者,故告之如此。”

齐景公问政于孔子。齐景公,名杵臼。鲁昭公末年,孔子适齐。孔子对曰:“君君,臣臣,父父,子子。”此人道之大经,政事之根本也。是时景公失政,而大夫陈氏厚施于国。景公又多内嬖,而不立太子。其君臣父子之间,皆失其道,故夫子告之以此。公曰:“善哉!信如君不君,臣不臣,父不父,子不子,虽有粟,吾得而食诸?”景公善孔子之言而不能用,其后果以继嗣不定,启陈氏弑君篡国之祸。杨氏曰:“君之所以君,臣之所以臣,父之所以父,子之所以子,是必有道矣。景公知善夫子之言,而不知反求其所以然,盖悦而不绎者,齐之所以卒于乱也。”

子曰:“片言可以折狱者,其由也与?”折,之舌反。与,平声。片言,半言。折,断也。子路忠信明决,故言出而人信服之,不待其辞之毕也。子路无宿诺。宿,留也,犹宿怨之宿。急于践言,不留其诺也。记者因夫子之言而记此,以见子路之所以取信于人者,由其养之有素也。尹氏曰:“小邾射以句绎奔鲁,曰:‘使季路要我,吾无盟矣。’千乘之国,不信其盟,而信子路之一言,其见信于人可知矣。一言而折狱者,信在言前,人自信之故也。不留诺,所以全其信也。”

子曰:“听讼,吾犹人也,必也使无讼乎!”范氏曰:“听讼者,治其末,塞其流也。正其本,清其源,则无讼矣。”杨氏曰:“子路片言可以折狱,而不知以礼逊为国,则未能使民无讼者也。故又记孔子之言,以见圣人不以听讼为难,而以使民无讼为贵。”

子张问政。子曰:“居之无倦,行之以忠。”居,谓存诸心。无倦,则始终如一。行,谓发于事。以忠,则表里如一。程子曰:“子张少仁。无诚心爱民,则必倦而不尽心,故告之以此。”

子曰:“博学于文,约之以礼,亦可以弗畔矣夫!”重出。

子曰："君子成人之美，不成人之恶。小人反是。"成者，诱掖奖劝以成其事也。君子小人，所存既有厚薄之殊，而其所好又有善恶之异，故其用心不同如此。

季康子问政于孔子。孔子对曰："政者，正也。子帅以正，孰敢不正？"范氏曰："未有己不正而能正人者。"胡氏曰："鲁自中叶，政由大夫，家臣效尤，据邑背叛，不正甚矣。故孔子以是告之，欲康子以正自克，而改三家之故。惜乎康子之溺于利欲而不能也。"

季康子患盗，问于孔子。孔子对曰："苟子之不欲，虽赏之不窃。"言子不贪欲，则虽赏民使之为盗，民亦知耻而不窃。胡氏曰："季氏窃柄，康子夺嫡，民之为盗，固其所也。盍亦反其本耶？孔子以不欲启之，其旨深矣。"夺嫡事见《春秋传》。

季康子问政于孔子，曰："如杀无道，以就有道，何如？"孔子对曰："子为政，焉用杀？子欲善，而民善矣。君子之德风，小人之德草。草上之风，必偃。"焉，于虔反。为政者，民所视效，何以杀为？欲善则民善矣。上，一作尚，加也。偃，仆也。尹氏曰："杀之为言，岂为人上之语哉？以身教者从，以言教者讼，而况于杀乎？"

子张问："士何如，斯可谓之达矣？"达者，德孚于人而行无不得之谓。子曰："何哉，尔所谓达者？"子张务外，夫子盖已知其发问之意，故反诘之，将以发其病而药之也。子张对曰："在邦必闻，在家必闻。"言名誉著闻也。子曰："是闻也，非达也。闻与达相似而不同，乃诚伪之所以分，学者不可不审也。故夫子既明辨之，下文又详言之。夫达也者，质直而好义，察言而观色，虑以下人。在邦必达，在家必达。夫，音扶，下同。好、下，皆去声。内主忠信，而所行合宜，审于接物，而卑以自牧，皆自修于内，不求人知之事。然德修于己而人信之，则所行自无窒碍矣。夫闻也者，色取仁而行违，居之不疑。在邦必闻，在家必闻。"行，去声。善其颜色以取于仁，而行实背之，又自以为是而无所忌惮。此不务实而专务求名者，故虚誉虽隆而实德则病矣。程子曰："学者须是务实，不要近名。有意近名，大本已失，更学何事？为名而学，则是伪也。今之学者，大抵为名。为名与为利，虽清浊不同，然其利心则一也。"尹氏曰："子张之学，病在乎不务实。故孔子告之，皆笃实之事，充乎内而发乎外者也。当时门人亲受圣人之教，而差失有如此者，况后世乎？"

樊迟从游于舞雩之下，曰："敢问崇德、修慝、辨惑。"慝，吐得反。胡氏曰："慝之字从心从匿，盖恶之匿于心者。修者，治而去之。"子曰："善哉问！善其切于为己。先事后得，非崇德与？攻其恶，无攻人之恶，非修慝与？一朝之忿，忘其身，以及其亲，非惑与？”与，平声。先事后得，犹言先难后获也。为所当为而不计其功，则德日积而不自知矣。专于治己而不责人，则己之恶无所匿矣。知一朝之忿为甚微，而祸及其亲为甚大，则有以辨惑而惩其忿矣。樊迟粗鄙近利，故告之以此，三者皆所以救其失也。范氏曰：“先事后得，上义而下利也。人惟有利欲之心，故德不崇。惟不自省己过而知人之过，故慝不修。感物而易动者莫如忿，忘其身以及其亲，惑之甚者也。惑之甚者必起于细微，能辨之于早，则不至于大惑矣。故惩忿所以辨惑也。”

樊迟问仁。子曰：“爱人。”问知。子曰：“知人。”上知，去声，下如字。爱人，仁之施。知人，知之务。樊迟未达。曾氏曰：“迟之意，盖以爱欲其周，而知有所择，故疑二者之相悖尔。”子曰：“举直错诸枉，能使枉者直。”举直错枉者，知也。使枉者直，则仁矣。如此，则二者不惟不相悖而反相为用矣。樊迟退，见子夏，曰：“乡也吾见于夫子而问知，子曰‘举直错诸枉，能使枉者直’，何谓也？”乡，去声。见，贤遍反。迟以夫子之言，专为知者之事。又未达所以能使枉者直之理。子夏曰：“富哉言乎！叹其所包者广，不止言知。舜有天下，选于众，举皋陶，不仁者远矣。汤有天下，选于众，举伊尹，不仁者远矣。”选，息恋反。陶，音遥。远，如字。伊尹，汤之相也。不仁者远，言人皆化而为仁，不见有不仁者，若其远去尔，所谓使枉者直也。子夏盖有以知夫子之兼仁、知而言矣。程子曰：“圣人之语，因人而变化，虽若有浅近者，而其包含无所不尽，观于此章可见矣。非若他人之言，语近则遗远，语远则不知近也。”尹氏曰：“学者之问也，不独欲闻其说，又必欲知其方；不独欲知其方，又必欲为其事。如樊迟之问仁、知也，夫子告之尽矣。樊迟未达，故又问焉，而犹未知其何以为之也。及退而问诸子夏，然后有以知之。使其未喻，则必将复问矣。既问于师，又辨诸友，当时学者之务实也如是。”

子贡问友。子曰：“忠告而善道之，不可则止，无自辱焉。”告，工毒反。道，去声。友所以辅仁，故尽其心以告之，善其说以道之。然以义合者也，故不可则止。若以数而见疏，则自辱矣。

曾子曰：“君子以文会友，以友辅仁。”讲学以会友，则道益明；取善以辅仁，则德日进。

卷　七

子路第十三

凡三十章。

子路问政。子曰："先之，劳之。"劳，如字。苏氏曰："凡民之行，以身先之，则不令而行。凡民之事，以身劳之，则虽勤不怨。"请益。曰："无倦。"无，古本作毋。吴氏曰："勇者喜于有为而不能持久，故以此告之。"程子曰："子路问政，孔子既告之矣。及请益，则曰'无倦'而已，未尝复有所告，姑使之深思也。"

仲弓为季氏宰，问政。子曰："先有司，赦小过，举贤才。"有司，众职也。宰兼众职，然事必先之于彼，而后考其成功，则己不劳而事毕举矣。过，失误也。大者于事或有所害，不得不惩；小者赦之，则刑不滥而人心悦矣。贤，有德者。才，有能者。举而用之，则有司皆得其人而政益修矣。曰："焉知贤才而举之？"曰："举尔所知。尔所不知，人其舍诸？"焉，于虔反。舍，上声。仲弓虑无以尽知一时之贤才，故孔子告之以此。程子曰："人各亲其亲，然后不独亲其亲。仲弓曰'焉知贤才而举之'，子曰'举尔所知，尔所不知，人其舍诸'，便见仲弓与圣人用心之大小。推此义，则一心可以兴邦，一心可以丧邦，只在公私之间尔。"范氏曰："不先有司，则君行臣职矣；不赦小过，则下无全人矣；不举贤才，则百职废矣。失此三者，不可以为季氏宰，况天下乎？"

子路曰："卫君待子而为政，子将奚先？"卫君，谓出公辄也。是时鲁哀公之十年，孔子自楚反乎卫。子曰："必也正名乎！"是时出公不父其父而祢其祖，名实紊矣，故孔子以正名为先。谢氏曰："正名虽为卫君而言，然为政之道，皆当以此为先。"子路曰:"有是哉,子之迂也!奚其正?"迂,谓远于事情,言非今日之急务也。子曰:"野哉由也!君子于其所不知,盖阙如也。野,谓鄙俗。责其不能阙疑,而率尔妄对也。名不正,则言不顺;言不顺,则事不成;杨氏曰:"名不当其实,则言不顺。言不顺,则无以考实而事不成。"事不成,则礼乐不兴;礼乐不兴,则刑罚不中;刑罚不中,则民无所措手足。中,去声。范氏曰:"事得其序之谓礼,物得其和之谓乐。事不成则无序而不和,故礼乐不兴。礼乐不兴,则施之政事皆失其道,故刑罚不中。"故君子名之必可言也,言之必可行也。君子于其言,无所苟而已矣。"程子曰:"名实相须,一事苟,则其余皆苟矣。"胡氏曰:"卫世子蒯聩耻其母南子之淫乱,欲杀之,不果而出奔。灵公欲立公子郢,郢辞。公卒,夫人立之,又辞。乃立蒯聩之子辄,以拒蒯聩。夫蒯聩欲杀母,得罪于父,而辄据国以拒父,皆无父之人也,其不可有国也明矣。夫子为政,而以正名为先,必将具其事之本末,告诸天王,请于方伯,命公子郢而立之,则人伦正,天理得,名正言顺而事成矣。夫子告之之详如此,而子路终不喻也。故事辄不去,卒死其难。徒知食焉不避其难之为义,而不知食辄之食为非义也。"

樊迟请学稼。子曰:"吾不如老农。"请学为圃。曰:"吾不如老圃。"种五谷曰稼,种蔬菜曰圃。樊迟出。子曰:"小人哉,樊须也!小人,谓细民,孟子所谓小人之事者也。上好礼,则民莫敢不敬;上好义,则民莫敢不服;上好信,则民莫敢不用情。夫如是,则四方之民襁负其子而至矣,焉用稼?"好,去声。夫,音扶。襁,居丈反。焉,于虔反。礼、义、信,大人之事也。好义,则事合宜。情,诚实也。敬服用情,盖各以其类而应也。襁,织缕为之,以约小儿于背者。杨氏曰:"樊须游圣人之门,而问稼圃,志则陋矣,辞而辟之可也。待其出而后言其非,何也?盖于其问也,自谓农圃之不如,则拒之者至矣。须之学疑不及此而不能问,不能以三隅反矣,故不复。及其既出,则惧其终不喻也,求老农老圃而学焉,则其失愈远矣。故复言之,使知前所言者意有在也。"

子曰:"诵《诗》三百,授之以政,不达;使于四方,不能专对;虽多,亦奚以为?"使,去声。专,独也。《诗》本人情,该物理,可以验风俗之盛衰,见政治之得失,其言温厚和平,长于风谕,故诵之者,必达于政而能言也。程子曰:"穷经将以致用也。世之诵《诗》者,果能从政而专对乎?然则其所学者,章句之末耳,此学者之大患也。"

子曰:"其身正,不令而行;其不正,虽令不从。"

子曰:"鲁、卫之政,兄弟也。"鲁,周公之后。卫,康叔之后。本兄弟之国,而是时衰乱,政亦相似,故孔子叹之。

子谓卫公子荆，“善居室。始有，曰：‘苟合矣。’少有，曰：‘苟完矣。’富有，曰：‘苟美矣。’”公子荆，卫大夫。苟，聊且粗略之意。合，聚也。完，备也。言其循序而有节，不以欲速尽美累其心。杨氏曰：“务为全美，则累物而骄吝之心生。公子荆皆曰苟而已，则不以外物为心，其欲易足故也。”

子适卫，冉有仆。仆，御车也。子曰：“庶矣哉！”庶，众也。冉有曰：“既庶矣，又何加焉？”曰：“富之。”庶而不富，则民生不遂，故制田里、薄赋敛以富之。曰：“既富矣，又何加焉？”曰：“教之。”富而不教，则近于禽兽。故必立学校、明礼义以教之。胡氏曰：“天生斯民，立之司牧，而寄以三事。然自三代之后，能举此职者，百无一二。汉之文、明，唐之太宗，亦云庶且富矣，西京之教无闻焉。明帝尊师重傅，临雍拜老，宗戚子弟莫不受学；唐太宗大召名儒，增广生员，教亦至矣，然而未知所以教也。三代之教，天子公卿躬行于上，言行政事皆可师法，彼二君者其能然乎？”

子曰：“苟有用我者，期月而已可也，三年有成。”期月，谓周一岁之月也。可者，仅辞，言纲纪布也。有成，治功成也。尹氏曰：“孔子叹当时莫能用己也，故云然。”愚按：《史记》，此盖为卫灵公不能用而发。

子曰：“善人为邦百年，亦可以胜残去杀矣。诚哉是言也！”胜，平声。去，上声。为邦百年，言相继而久也。胜残，化残暴之人，使不为恶也。去杀，谓民化于善，可以不用刑杀也。盖古有是言，而夫子称之。程子曰：“汉自高、惠至于文、景，黎民醇厚，几致刑措，庶乎其近之矣。”尹氏曰：“胜残去杀，不为恶而已，善人之功如是。若夫圣人，则不待百年，其化亦不止此。”

子曰：“如有王者，必世而后仁。”王者，谓圣人受命而兴也。三十年为一世。仁，谓教化浃也。程子曰：“周自文、武至于成王，而后礼乐兴，即其效也。”或问：“三年、必世，迟速不同，何也？”程子曰：“三年有成，谓法度纪纲有成而化行也。渐民以仁，摩民以义，使之浃于肌肤，沦于骨髓，而礼乐可兴，所谓仁也。此非积久，何以能致？”

子曰：“苟正其身矣，于从政乎何有？不能正其身，如正人何？”

冉子退朝。子曰：“何晏也？”对曰：“有政。”子曰：“其事也。如有政，虽不吾以，吾其与闻之。”朝，音潮。与，去声。冉有时为季氏宰。朝，季氏之私朝也。晏，晚也。政，国政。事，家事。以，用也。礼：大夫虽不治事，犹得与闻国政。是时季氏专鲁，其于国政，盖有不与同列议于公朝，而独与家臣谋于私室者。故夫子为不知者而言，此必季氏之家事耳。若是国政，我尝为大夫，虽不见用，犹当与闻。今既不闻，则是非国政也。语意与魏征献陵之对略相似。其所以正名分，抑季氏，而教冉有之意深矣。

定公问：“一言而可以兴邦，有诸？”孔子对曰：“言不可以若是其几也。几,期也。《诗》曰:“如几如式。”言一言之间,未可以如此而必期其效。人之言曰:‘为君难,为臣不易。’易,去声。当时有此言也。如知为君之难也,不几乎一言而兴邦乎?”因此言而知为君之难,则必战战兢兢,临深履薄,而无一事之敢忽。然则此言也,岂不可以必期于兴邦乎?为定公言,故不及臣也。曰:“一言而丧邦,有诸?”孔子对曰:“言不可以若是其几也。人之言曰:‘予无乐乎为君,唯其言而莫予违也。’丧,去声,下同。乐,音洛。言他无所乐,惟乐此耳。如其善而莫之违也,不亦善乎?如不善而莫之违也,不几乎一言而丧邦乎?”范氏曰:“言不善而莫之违,则忠言不至于耳。君日骄而臣日谄,未有不丧邦者也。”谢氏曰:“知为君之难,则必敬谨以持之。惟其言而莫予违,则谗谄面谀之人至矣。邦未必遽兴丧也,而兴丧之源分于此。然此非识微之君子,何足以知之?”

叶公问政。音义并见第七篇。子曰:“近者说,远者来。”说,音悦。被其泽则悦,闻其风则来。然必近者悦,而后远者来也。

子夏为莒父宰,问政。子曰:“无欲速,无见小利。欲速则不达,见小利则大事不成。”父,音甫。莒父,鲁邑名。欲事之速成,则急遽无序,而反不达。见小者之为利,则所就者小,而所失者大矣。程子曰:“子张问政,子曰:‘居之无倦,行之以忠。’子夏问政,子曰:‘无欲速,无见小利。’子张常过高而未仁,子夏之病常在近小,故各以切己之事告之。”

叶公语孔子曰:“吾党有直躬者,其父攘羊,而子证之。”语,去声。直躬,直身而行者。有因而盗曰攘。孔子曰:“吾党之直者异于是。父为子隐,子为父隐,直在其中矣。”为,去声。父子相隐,天理人情之至也。故不求为直,而直在其中。谢氏曰:“顺理为直。父不为子隐,子不为父隐,于理顺邪?瞽瞍杀人,舜窃负而逃,遵海滨而处。当是时,爱亲之心胜,其于直不直,何暇计哉?”

樊迟问仁。子曰:“居处恭,执事敬,与人忠。虽之夷狄,不可弃也。”恭主容,敬主事。恭见于外,敬主乎中。之夷狄不可弃,勉其固守而勿失也。程子曰:“此是彻上彻下语。圣人初无二语也,充之则睟面盎背;推而达之,则笃恭而天下平矣。”胡氏曰:“樊迟问仁者三:此最先,先难次之,爱人其最后乎?”

子贡问曰:“何如斯可谓之士矣?”子曰:“行己有耻,使于四方,不辱君命,可谓士矣。”使,去声。此其志有所不为,而其材足以有为者也。子贡能言,故以使事告之。盖为使之难,不独贵于能言而已。曰:“敢问其次。”曰:“宗族称孝焉,乡党称弟焉。”弟,去声。此本立而材不足者,故为其次。曰:

"敢问其次。"曰:"言必信,行必果,硁硁然小人哉!抑亦可以为次矣。"行,去声。硁,苦耕反。果,必行也。硁,小石之坚确者。小人,言其识量之浅狭也。此其本末皆无足观,然亦不害其为自守也,故圣人犹有取焉,下此则市井之人,不复可为士矣。曰:"今之从政者何如?"子曰:"噫!斗筲之人,何足算也。"筲,所交反。算,亦作笇,悉乱反。今之从政者,盖如鲁三家之属。噫,心不平声。斗,量名,容十升。筲,竹器,容斗二升。斗筲之人,言鄙细也。算,数也。子贡之问每下,故夫子以是警之。程子曰:"子贡之意,盖欲为皎皎之行,闻于人者。夫子告之,皆笃实自得之事。"

子曰:"不得中行而与之,必也狂狷乎!狂者进取,狷者有所不为也。"狷,音绢。行,道也。狂者,志极高而行不掩。狷者,知未及而守有余。盖圣人本欲得中道之人而教之,然既不可得,而徒得谨厚之人,则未必能自振拔而有为也。故不若得此狂狷之人,犹可因其志节,而激厉裁抑之以进于道,非与其终于此而已也。孟子曰:"孔子岂不欲中道哉?不可必得,故思其次也。如琴张、曾皙、牧皮者,孔子之所谓狂也。其志嘐嘐然,曰:'古之人!古之人!'夷考其行而不掩焉者也。狂者又不可得,欲得不屑不洁之士而与之,是狷也,是又其次也。"

子曰:"南人有言曰:'人而无恒,不可以作巫医。'善夫!"恒,胡登反。夫,音扶。南人,南国之人。恒,常久也。巫所以交鬼神,医所以寄死生,故虽贱役,而尤不可以无常,孔子称其言而善之。"不恒其德,或承之羞。"此《易·恒卦》九三爻辞。承,进也。子曰:"不占而已矣。"复加"子曰",以别《易》文也,其义未详。杨氏曰:"君子于《易》苟玩其占,则知无常之取羞矣。其为无常也,盖亦不占而已矣。"意亦略通。

子曰:"君子和而不同,小人同而不和。"和者,无乖戾之心。同者,有阿比之意。尹氏曰:"君子尚义,故有不同。小人尚利,安得而和?"

子贡问曰:"乡人皆好之,何如?"子曰:"未可也。""乡人皆恶之,何如?"子曰:"未可也。不如乡人之善者好之,其不善者恶之。"好、恶,并去声。一乡之人,宜有公论矣,然其间亦各以类自为好恶也。故善者好之而恶者不恶,则必其有苟合之行。恶者恶之而善者不好,则必其无可好之实。

子曰:"君子易事而难说也:说之不以道,不说也;及其使人也,器之。小人难事而易说也:说之虽不以道,说也;及其使人也,求备焉。"易,去声。说,音悦。器之,谓随其材器而使之也。君子之心公而恕,小人之心私而刻。天理人欲之间,每相反而已矣。

子曰:"君子泰而不骄,小人骄而不泰。"君子循理,故安舒而不矜肆。

小人逞欲，故反是。

子曰："刚毅木讷，近仁。"程子曰："木者，质朴。讷者，迟钝。四者，质之近乎仁者也。"杨氏曰："刚毅则不屈于物欲，木讷则不至于外驰，故近仁。"

子路问曰："何如斯可谓之士矣？"子曰："切切、偲偲，怡怡如也，可谓士矣。朋友切切、偲偲，兄弟怡怡。"胡氏曰："切切，恳到也。偲偲，详勉也。怡怡，和悦也。皆子路所不足，故告之。又恐其混于所施，则兄弟有贼恩之祸，朋友有善柔之损，故又别而言之。"

子曰："善人教民七年，亦可以即戎矣。"教民者，教之孝悌忠信之行，务农讲武之法。即，就也。戎，兵也。民知亲其上，死其长，故可以即戎。程子曰："七年云者，圣人度其时可矣。如云期月、三年、百年、一世、大国五年、小国七年之类，皆当思其作为如何乃有益。"

子曰："以不教民战，是谓弃之。"以，用也。言用不教之民以战，必有败亡之祸，是弃其民也。

宪问第十四

胡氏曰："此篇疑原宪所记。"凡四十七章。

宪问耻。子曰："邦有道，谷；邦无道，谷，耻也。"宪，原思名。谷，禄也。邦有道不能有为，邦无道不能独善，而但知食禄，皆可耻也。宪之狷介，其于"邦无道，谷"之可耻，固知之矣；至于"邦有道，谷"之可耻，则未必知也。故夫子因其问而并言之，以广其志，使知所以自勉，而进于有为也。

"克、伐、怨、欲不行焉，可以为仁矣？"此亦原宪以其所能而问也。克，好胜。伐，自矜。怨，忿恨。欲，贪欲。子曰："可以为难矣，仁则吾不知也。"有是四者而能制之，使不得行，可谓难矣。仁则天理浑然，自无四者之累，不行不足以言之也。程子曰："人而无克、伐、怨、欲，惟仁者能之。有之而能制其情使不行，斯亦难能也，谓之仁则未也。此圣人开示之深，惜乎宪之不能再问也。"或曰："四者不行，固不得为仁矣。然亦岂非所谓克己之事，求仁之方乎？"曰："克去己私以复乎礼，则私欲不留，而天理之本然者得矣。若但制而不行，则是未有拔去病根之意，而容其潜藏隐伏于胸中也。岂克己求仁之谓哉？学者察于二者之间，则其所以求仁之功，益亲切而无渗漏矣。"

子曰："士而怀居，不足以为士矣。"居，谓意所便安处也。

子曰:“邦有道,危言危行;邦无道,危行言孙。”行、孙,并去声。危,高峻也。孙,卑顺也。尹氏曰:“君子之持身不可变也,至于言则有时而不敢尽,以避祸也。然则为国者使士言孙,岂不殆哉?”

子曰:“有德者必有言,有言者不必有德;仁者必有勇,勇者不必有仁。”有德者,和顺积中,英华发外。能言者,或便佞口给而已。仁者,心无私累,见义必为。勇者,或血气之强而已。尹氏曰:“有德者必有言,徒能言者未必有德也。仁者志必勇,徒能勇者未必有仁也。”

南宫适问于孔子曰:“羿善射,奡荡舟,俱不得其死然;禹、稷躬稼,而有天下。”夫子不答。南宫适出。子曰:“君子哉若人!尚德哉若人!”适,古活反。羿,音诣。奡,五报反。荡,土浪反。南宫适,即南容也。羿,有穷之君,善射,灭夏后相而篡其位。其臣寒浞又杀羿而代之。奡,《春秋传》作“浇”,浞之子也,力能陆地行舟,后为夏后少康所诛。禹平水土暨稷播种,身亲稼穑之事。禹受舜禅而有天下,稷之后至周武王亦有天下。适之意盖以羿、奡比当世之有权力者,而以禹、稷比孔子也。故孔子不答。然适之言如此,可谓君子之人,而有尚德之心矣,不可以不与。故俟其出而赞美之。

子曰:“君子而不仁者有矣夫,未有小人而仁者也。”夫,音扶。谢氏曰:“君子志于仁矣,然毫忽之间,心不在焉,则未免为不仁也。”

子曰:“爱之,能勿劳乎?忠焉,能勿诲乎?”苏氏曰:“爱而勿劳,禽犊之爱也;忠而勿诲,妇寺之忠也。爱而知劳之,则其为爱也深矣;忠而知诲之,则其为忠也大矣。”

子曰:“为命:裨谌草创之,世叔讨论之,行人子羽修饰之,东里子产润色之。”裨,婢之反。谌,时林反。裨谌以下四人,皆郑大夫。草,略也。创,造也,谓造为草稿也。世叔,游吉也,《春秋传》作子太叔。讨,寻究也。论,讲议也。行人,掌使之官。子羽,公孙挥也。修饰,谓增损之。东里,地名,子产所居也。润色,谓加以文采也。郑国之为辞命,必更此四贤之手而成,详审精密,各尽所长。是以应对诸侯,鲜有败事。孔子言此,盖善之也。

或问子产。子曰:“惠人也。”子产之政,不专于宽,然其心则一以爱人为主。故孔子以为惠人,盖举其重而言也。问子西。曰:“彼哉!彼哉!”子西,楚公子申,能逊楚国,立昭王,而改纪其政,亦贤大夫也。然不能革其僭王之号。昭王欲用孔子,又沮止之。其后卒召白公以致祸乱,则其为人可知矣。彼哉者,外之之词。问管仲。曰:“人也。夺伯氏骈邑三百,饭疏食,没齿无怨言。”人也,犹言此人也。伯氏,齐大夫。骈邑,地名。齿,年也。盖桓公夺伯氏之邑以与管仲,伯氏自知己罪，而心服管仲之功，故穷约以终身而无怨言。荀卿所谓“与之书社三百，而富人莫之敢拒”者，即此事也。或问：“管仲、子产孰优？”曰：“管仲之德，不胜其才。子产之才，不胜其德。然于圣人之学，则概乎其未有闻也。”

子曰：“贫而无怨难，富而无骄易。”易，去声。处贫难，处富易，人之常情。然人当勉其难，而不可忽其易也。

子曰：“孟公绰为赵、魏老则优，不可以为滕、薛大夫。”公绰，鲁大夫。赵、魏，晋卿之家。老，家臣之长。大家势重，而无诸侯之事；家老望尊，而无官守之责。优，有余也。滕、薛，二国名。大夫，任国政者。滕、薛国小政繁，大夫位高责重。然则公绰盖廉静寡欲，而短于才者也。杨①氏曰：“知之弗豫，枉其才而用之，则为弃人矣。此君子所以患不知人也。言此，则孔子之用人可知矣。”

子路问成人。子曰：“若臧武仲之知，公绰之不欲，卞庄子之勇，冉求之艺，文之以礼乐，亦可以为成人矣。”知，去声。成人，犹言全人。武仲，鲁大夫，名纥。庄子，鲁卞邑大夫。言兼此四子之长，则知足以穷理，廉足以养心，勇足以力行，艺足以泛应，而又节之以礼，和之以乐，使德成于内，而文见乎外。则材全德备，浑然不见一善成名之迹，中正和乐，粹然无复偏倚驳杂之蔽，而其为人也亦成矣。然亦之为言，非其至者，盖就子路之所可及而语之也。若论其至，则非圣人之尽人道，不足以语此。曰：“今之成人者何必然？见利思义，见危授命，久要不忘平生之言，亦可以为成人矣。”复加“曰”字者，既答而复言也。授命，言不爱其生，持以与人也。久要，旧约也。平生，平日也。有是忠信之实，则虽其才知礼乐有所未备，亦可以为成人之次也。程子曰：“知之明，信之笃，行之果，天下之达德也。若孔子所谓成人，亦不出此三者。武仲，知也；公绰，仁也；卞庄子，勇也；冉求，艺也。须是合此四人之能，文之以礼乐，亦可以为成人矣。然而论其大成，则不止于此。若今之成人，有忠信而不及于礼乐，则又其次者也。”又曰：“臧武仲之知，非正也。若文之以礼乐，则无不正矣。”又曰：“语成人之名，非圣人孰能之？孟子曰：‘惟圣人然后可以践形。’如此方可以称成人之名。”胡氏曰：“今之成人以下，乃子路之言。盖不复闻斯行之之勇，而有终身诵之之固矣。”未详是否？

子问公叔文子于公明贾曰：“信乎夫子不言、不笑、不取乎？”公叔文子，卫大夫公孙拔也。公明，姓；贾，名；亦卫人。文子为人，其详不可知，然必廉静之士，故当时以三者称之。公明贾对曰：“以告者过也。夫子时然后言，人不厌其言；乐然后笑，人不厌其笑；义然后取，人不厌其取。”子曰：“其然，岂其然乎？”厌者，苦其多而恶之之辞。事适其可，则人不厌，而不觉其

---

① 吴本作“胡”，据宋本、元本、清内府本改。

有是矣。是以称之或过，而以为不言、不笑、不取也。然此言也，非礼义充溢于中、得时措之宜者不能。文子虽贤，疑未及此，但君子与人为善，不欲正言其非也。故曰“其然，其然乎”，盖疑之也。

子曰：“臧武仲以防求为后于鲁，虽曰不要君，吾不信也。”要，平声。防，地名，武仲所封邑也。要，有挟而求也。武仲得罪奔邾，自邾如防，使请立后而避邑，以示若不得请，则将据邑以叛，是要君也。范氏曰：“要君者无上，罪之大者也。武仲之邑，受之于君。得罪出奔，则立后在君，非己所得专也。而据邑以请，由其好知而不好学也。”杨氏曰：“武仲卑辞请后，其迹非要君者，而意实要之。夫子之言，亦《春秋》诛意之法也。”

子曰：“晋文公谲而不正，齐桓公正而不谲。”谲，古穴反。晋文公，名重耳。齐桓公，名小白。谲，诡也。二公皆诸侯盟主，攘夷狄以尊周室者也。虽其以力假仁，心皆不正，然桓公伐楚，仗义执言，不由诡道，犹为彼善于此。文公则伐卫以致楚，而阴谋以取胜，其谲甚矣。二君他事亦多类此，故夫子言此以发其隐。

子路曰：“桓公杀公子纠，召忽死之，管仲不死。”曰：“未仁乎？”纠，居黝反。召，音邵。按《春秋传》，齐襄公无道，鲍叔牙奉公子小白奔莒。及无知弑襄公，管夷吾、召忽奉公子纠奔鲁。鲁人纳之，未克，而小白入，是为桓公。使鲁杀子纠而请管、召，召忽死之，管仲请囚。鲍叔牙言于桓公以为相。子路疑管仲忘君事雠，忍心害理，不得为仁也。子曰：“桓公九合诸侯，不以兵车，管仲之力也。如其仁！如其仁！”九，《春秋传》作“纠”，督也，古字通用。不以兵车，言不假威力也。如其仁，言谁如其仁者，又再言以深许之。盖管仲虽未得为仁人，而其利泽及人，则有仁之功矣。

子贡曰：“管仲非仁者与？桓公杀公子纠，不能死，又相之。”与，平声。相，去声。子贡意不死犹可，相之则已甚矣。子曰：“管仲相桓公，霸诸侯，一匡天下，民到于今受其赐。微管仲，吾其被发左衽矣。被，皮寄反。衽，而审反。霸，与伯同，长也。匡，正也。尊周室，攘夷狄，皆所以正天下也。微，无也。衽，衣衿也。被发左衽，夷狄之俗也。岂若匹夫匹妇之为谅也，自经于沟渎而莫之知也。”谅，小信也。经，缢也。莫之知，人不知也。《后汉书》引此文，“莫”字上有“人”字。程子曰：“桓公，兄也。子纠，弟也。仲私于所事，辅之以争国，非义也。桓公杀之虽过，而纠之死实当。仲始与之同谋，遂与之同死，可也；知辅之争为不义，将自免以图后功亦可也。故圣人不责其死而称其功。若使桓弟而纠兄，管仲所辅者正，桓夺其国而杀之，则管仲之与桓，不可同世之雠也。若计其后功而与其事桓，圣人之言，无乃害义之甚，启万世反复不忠之乱乎？如唐之王珪、魏徵，不死建成之难，而从太宗，可谓害于义矣。后虽有功，何足赎哉？”愚谓管仲有功而无罪，故圣人独称其功；

王、魏先有罪而后有功,则不以相掩可也。

公叔文子之臣大夫僎,与文子同升诸公。僎,士免反。臣,家臣。公,公朝。谓荐之与己同进为公朝之臣也。子闻之曰:“可以为文矣。”文者,顺理而成章之谓。谥法亦有所谓“锡民爵位曰文”者。洪氏曰:“家臣之贱而引之使与己并,有三善焉:知人,一也;忘己,二也;事君,三也。”

子言卫灵公之无道也。康子曰:“夫如是,奚而不丧?”夫,音扶。丧,去声。丧,失位也。孔子曰:“仲叔圉治宾客,祝鮀治宗庙,王孙贾治军旅。夫如是,奚其丧?”仲叔圉,即孔文子也。三人皆卫臣,虽未必贤,而其才可用。灵公用之,又各当其才。尹氏曰:“卫灵公之无道宜丧也,而能用此三人,犹足以保其国,而况有道之君,能用天下之贤才者乎?《诗》曰:‘无竞维人,四方其训之。’”

子曰:“其言之不怍,则为之也难。”大言不惭,则无必为之志,而不自度其能否矣。欲践其言,岂不难哉?

陈成子弑简公。成子,齐大夫,名恒。简公,齐君,名壬。事在《春秋》哀公十四年。孔子沐浴而朝,告于哀公曰:“陈恒弑其君,请讨之。”朝,音潮。是时孔子致仕居鲁,沐浴齐戒以告君,重其事而不敢忽也。臣弑其君,人伦之大变,天理所不容,人人得而诛之,况邻国乎?故夫子虽已告老,而犹请哀公讨之。公曰:“告夫三子!”夫,音扶,下“告夫”同。三子,三家也。时政在三家,哀公不得自专,故使孔子告之。孔子曰:“以吾从大夫之后,不敢不告也。君曰‘告夫三子’者。”孔子出而自言如此。意谓弑君之贼,法所必讨,大夫谋国,义所当告。君乃不能自命三子,而使我告之耶?之三子告,不可。孔子曰:“以吾从大夫之后,不敢不告也。”以君命往告,而三子鲁之强臣,素有无君之心,实与陈氏声势相倚,故沮其谋。而夫子复以此应之,其所以警之者深矣。程子曰:“左氏记孔子之言曰:‘陈恒弑其君,民之不予者半。以鲁之众,加齐之半,可克也。’此非孔子之言。诚若此言,是以力不以义也。若孔子之志,必将正名其罪,上告天子,下告方伯,而率与国以讨之。至于所以胜齐者,孔子之余事也,岂计鲁人之众寡哉?当是时,天下之乱极矣,因是足以正之,周室其复兴乎?鲁之君臣,终不从之,可胜惜哉!”胡氏曰:“《春秋》之法:弑君之贼,人得而讨之。仲尼此举,先发后闻可也。”

子路问事君。子曰:“勿欺也,而犯之。”犯,谓犯颜谏争。范氏曰:“犯非子路之所难也,而以不欺为难。故夫子教以先勿欺而后犯也。”

子曰:“君子上达,小人下达。”君子循天理,故日进乎高明;小人殉人欲,故日究乎污下。

子曰:“古之学者为己,今之学者为人。”为,去声。程子曰:“为己,欲得之于己也。为人,欲见知于人也。”程子曰:“古之学者为己,其终至于成物。今之学者为人,其终至于丧己。”愚按:圣贤论学者用心得失之际,其说多矣,然未有如此言之切而要者。于此明辨而日省之,则庶乎其不昧于所从矣。

蘧伯玉使人于孔子。使,去声,下同。蘧伯玉,卫大夫,名瑗。孔子居卫,尝主于其家。既而反鲁,故伯玉使人来也。孔子与之坐而问焉,曰:“夫子何为?”对曰:“夫子欲寡其过而未能也。”使者出,子曰:“使乎!使乎!”与之坐,敬其主以及其使也。夫子,指伯玉也。言其但欲寡过而犹未能,则其省身克己,常若不及之意可见矣。使者之言愈自卑约,而其主之贤益彰,亦可谓深知君子之心,而善于词令者矣。故夫子再言使乎以重美之。按庄周称:“伯玉行年五十而知四十九年之非。”又曰:“伯玉行年六十而六十化。”盖其进德之功,老而不倦。是以践履笃实,光辉宣著。不惟使者知之,而夫子亦信之也。

子曰:“不在其位,不谋其政。”重出。

曾子曰:“君子思不出其位。”此《艮卦》之象辞也。曾子盖尝称之,记者因上章之语而类记之也。范氏曰:“物各止其所,而天下之理得矣。故君子所思不出其位,而君臣、上下、大小,皆得其职也。”

子曰:“君子耻其言而过其行。”行,去声。耻者,不敢尽之意。过者,欲有余之词。

子曰:“君子道者三,我无能焉:仁者不忧,知者不惑,勇者不惧。”知,去声。自责以勉人也。子贡曰:“夫子自道也。”道,言也。自道,犹云谦辞。尹氏曰:“成德以仁为先,进学以知为先。故夫子之言,其序有不同者以此。”

子贡方人。子曰:“赐也贤乎哉?夫我则不暇。”夫,音扶。方,比也。乎哉,疑辞。比方人物而较其短长,虽亦穷理之事。然专务为此,则心驰于外,而所以自治者疏矣。故褒之而疑其词,复自贬以深抑之。谢氏曰:“圣人责人,辞不迫切而意已独至如此。”

子曰:“不患人之不己知,患其不能也。”凡章指同而文不异者,一言而重出也。文小异者,屡言而各出也。此章凡四见,而文皆有异。则圣人于此一事,盖屡言之,其丁宁之意亦可见矣。

子曰:“不逆诈,不亿不信。抑亦先觉者,是贤乎!”逆,未至而迎之也。亿,未见而意之也。诈,谓人欺己。不信,谓人疑己。抑,反语辞。言虽不逆不亿,而于人之情伪,自然先觉,乃为贤也。杨氏曰:“君子一于诚而已,然未有诚而不明者。故虽不逆诈、不亿不信,而常先觉也。若夫不逆不亿而卒为小人所罔焉,斯亦不足观也已。”

微生亩谓孔子曰:“丘何为是栖栖者与?无乃为佞乎?”与,平声。

微生，姓；亩，名也。亩名呼夫子而辞甚倨，盖有齿德而隐者。栖栖，依依也。为佞，言其务为口给以悦人也。孔子曰："非敢为佞也，疾固也。"疾，恶也。固，执一而不通也。圣人之于达尊，礼恭而言直如此，其警之亦深矣。

子曰："骥不称其力，称其德也。"骥，善马之名。德，谓调良也。尹氏曰："骥虽有力，其称在德。人有才而无德，则亦奚足尚哉？"

或曰："以德报怨，何如？"或人所称，今见《老子》书。德，谓恩惠也。子曰："何以报德？言于其所怨，既以德报之矣；则人之有德于我者，又将何以报之乎？以直报怨，以德报德。"于其所怨者，爱憎取舍，一以至公而无私，所谓直也。于其所德者，则必以德报之，不可忘也。或人之言，可谓厚矣。然以圣人之言观之，则见其出于有意之私，而怨德之报皆不得其平也。必如夫子之言，然后二者之报各得其所。然怨有不雠，而德无不报，则又未尝不厚也。此章之言，明白简约，而其指意曲折反复，如造化之简易易知，而微妙无穷，学者所宜详玩也。

子曰："莫我知也夫！"夫，音扶。夫子自叹，以发子贡之问也。子贡曰："何为其莫知子也？"子曰："不怨天，不尤人。下学而上达。知我者其天乎！"不得于天而不怨天，不合于人而不尤人，但知下学而自然上达。此但自言其反己自修，循序渐进耳，无以甚异于人而致其知也。然深味其语意，则见其中自有人不及知而天独知之之妙。盖在孔门，惟子贡之智几足以及此，故特语以发之。惜乎其犹有所未达也！程子曰："不怨天，不尤人，在理当如此。"又曰："下学上达，意在言表。"又曰："学者须守下学上达之语，乃学之要。盖凡下学人事，便是上达天理。然习而不察，则亦不能以上达矣。"

公伯寮愬子路于季孙。子服景伯以告，曰："夫子固有惑志于公伯寮，吾力犹能肆诸市朝。"朝，音潮。公伯寮，鲁人。子服氏，景谥，伯字，鲁大夫子服何也。夫子，指季孙。言其有疑于寮之言也。肆，陈尸也。言欲诛寮。子曰："道之将行也与？命也。道之将废也与？命也。公伯寮其如命何！"与，平声。谢氏曰："虽寮之愬行，亦命也。其实寮无如之何。"愚谓言此以晓景伯，安子路，而警伯寮耳。圣人于利害之际，则不待决于命而后泰然也。

子曰："贤者辟世，辟，去声，下同。天下无道而隐，若伯夷、太公是也。其次辟地，去乱国，适治邦。其次辟色，礼貌衰而去。其次辟言。"有违言而后去也。程子曰："四者虽以大小次第言之，然非有优劣也，所遇不同耳。"

子曰："作者七人矣。"李氏曰："作，起也。言起而隐去者，今七人矣。不可知其谁何。必求其人以实之，则凿矣。"

子路宿于石门。晨门曰："奚自？"子路曰："自孔氏。"曰："是知其不可而为之者与?”与,平声。石门,地名。晨门,掌晨启门,盖贤人隐于抱关者也。自,从也,问其何所从来也。胡氏曰:“晨门知世之不可而不为,故以是讥孔子。然不知圣人之视天下,无不可为之时也。”

子击磬于卫,有荷蒉而过孔氏之门者,曰:“有心哉!击磬乎!”荷,去声。磬,乐器。荷,担也。蒉,草器也。此荷蒉者,亦隐士也。圣人之心未尝忘天下,此人闻其磬声而知之,则亦非常人矣。既而曰:“鄙哉!硁硁乎!莫己知也,斯己而已矣。深则厉,浅则揭。”硁,苦耕反。莫己之己,音纪,余音以。揭,起例反。硁硁,石声,亦专确之意。以衣涉水曰厉,摄衣涉水曰揭。此两句,《卫风》《匏有苦叶》之诗也。讥孔子人不知己而不止,不能适浅深之宜。子曰:“果哉!末之难矣。”果哉,叹其果于忘世也。末,无也。圣人心同天地,视天下犹一家,中国犹一人,不能一日忘也。故闻荷蒉之言,而叹其果于忘世。且言人之出处,若但如此,则亦无所难矣。

子张曰:“《书》云:‘高宗谅阴,三年不言。’何谓也?”高宗,商王武丁也。谅阴,天子居丧之名,未详其义。子曰:“何必高宗,古之人皆然。君薨,百官总己以听于冢宰三年。”言君薨,则诸侯亦然。总己,谓总摄己职。冢宰,太宰也。百官听于冢宰,故君得以三年不言也。胡氏曰:“位有贵贱,而生于父母无以异者。故三年之丧,自天子达。子张非疑此也,殆以为人君三年不言,则臣下无所禀令,祸乱或由以起也。孔子告以听于冢宰,则祸乱非所忧矣。”

子曰:“上好礼,则民易使也。”好、易,皆去声。谢氏曰:“礼达而分定,故民易使。”

子路问君子。子曰:“修己以敬。”曰:“如斯而已乎?”曰:“修己以安人。”曰:“如斯而已乎?”曰:“修己以安百姓。修己以安百姓,尧舜其犹病诸!”修己以敬,夫子之言至矣尽矣。而子路少之,故再以其充积之盛,自然及物者告之,无他道也。人者,对己而言。百姓,则尽乎人矣。尧舜犹病,言不可以有加于此。以抑子路,使反求诸近也。盖圣人之心无穷,世虽极治,然岂能必知四海之内,果无一物不得其所哉?故尧舜犹以安百姓为病。若曰吾治已足,则非所以为圣人矣。程子曰:“君子修己以安百姓,笃恭而天下平。惟上下一于恭敬,则天地自位,万物自育,气无不和,而四灵毕至矣。此体信达顺之道,聪明睿知皆由是出,以此事天飨帝。”

原壤夷俟。子曰:“幼而不孙弟,长而无述焉,老而不死,是为贼!”以杖叩其胫。孙、弟,并去声。长,上声。叩,音口。胫,其定反。原壤,孔子之故人,母死而歌,盖老氏之流,自放于礼法之外者。夷,蹲踞也。俟,待也。言见孔子来而蹲踞以待之也。述,犹称也。贼者,害人之名。以其自幼至长,无一善状,而久生于世,徒足以败常乱俗,则是贼而已矣。胫,足骨也。孔子既责之,而因以所曳之杖,微击其胫,若使勿蹲踞然。

阙党童子将命。或问之曰:“益者与?”与,平声。阙党,党名。童子,未冠者之称。将命,谓传宾主之言。或人疑此童子学有进益,故孔子使之传命以宠异之也。子曰:“吾见其居于位也,见其与先生并行也。非求益者也,欲速成者也。”礼,童子当隅坐随行。孔子言吾见此童子,不循此礼,非能求益,但欲速成尔。故使之给使令之役,观长少之序,习揖逊之容。盖所以抑而教之,非宠而异之也。

卷　八

卫灵公第十五

凡四十一章。

卫灵公问陈于孔子。孔子对曰："俎豆之事，则尝闻之矣；军旅之事，未之学也。"明日遂行。陈，去声。陈，谓军师行伍之列。俎豆，礼器。尹氏曰："卫灵公，无道之君也，复有志于战伐之事，故答以未学而去之。"在陈绝粮，从者病，莫能兴。从，去声。孔子去卫适陈。兴，起也。子路愠见曰："君子亦有穷乎？"子曰："君子固穷，小人穷斯滥矣。"见，贤遍反。何氏曰："滥，溢也。言君子固有穷时，不若小人穷则放溢为非。"程子曰："固穷者，固守其穷。"亦通。愚谓圣人当行而行，无所顾虑；处困而亨，无所怨悔。于此可见。学者宜深味之。

子曰："赐也，女以予为多学而识之者与？"女，音汝。识，音志。与，平声，下同。子贡之学，多而能识矣。夫子欲其知所本也，故问以发之。对曰："然，非与？"方信而忽疑，盖其积学功至，而亦将有得也。曰："非也，予一以贯之。"说见第四篇。然彼以行言，而此以知言也。谢氏曰："圣人之道大矣，人不能遍观而尽识，宜其以为多学而识之也。然圣人岂务博者哉？如天之于众形，匪物物刻而雕之也。故曰：'予一以贯之。''德輶如毛，毛犹有伦。上天之载，无声无臭。'至矣！"尹氏曰："孔子之于曾子，不待其问而直告之以此，曾子复深喻之曰'唯'。若子贡则先发其疑而后告之，而子贡终亦不能如曾子之唯也。二子所学之浅深，于此可见。"愚按：夫子之于子贡，屡有以发之，而他人不与焉。则颜、曾以下诸子所学之浅深，又可见矣。

子曰："由！知德者鲜矣。"鲜，上声。由，呼子路之名而告之也。德，谓义理之得于己者。非己有之，不能知其意味之实也。自第一章至此，疑皆一时之言。此章盖为愠见发也。

子曰："无为而治者，其舜也与？夫何为哉？恭己正南面而已矣。"与，平声。夫，音扶。无为而治者，圣人德盛而民化，不待其有所作为也。独称舜者，绍尧之后，而又得人以任众职，故尤不见其有为之迹也。恭己者，圣人敬德之容。既无所为，则人之所见如此而已。

子张问行。犹问达之意也。子曰："言忠信，行笃敬，虽蛮貊之邦行矣；言不忠信，行不笃敬，虽州里行乎哉？行笃、行不之行，去声。貊，亡百反。子张意在得行于外，故夫子反于身而言之，犹答干禄问达之意也。笃，厚也。蛮，南蛮。貊，北狄。二千五百家为州。立，则见其参于前也；在舆，则见其倚于衡也。夫然后行。"参，七南反。夫，音扶。其者，指忠信、笃敬而言。参，读如"毋往参焉"之参，言与我相参也。衡，轭也。言其于忠信、笃敬念念不忘，随其所在，常若有见，虽欲顷刻离之而不可得。然后一言一行，自然不离于忠信、笃敬，而蛮貊可行也。子张书诸绅。绅，大带之垂者。书之，欲其不忘也。程子曰："学要鞭辟近里，着己而已。博学而笃志，切问而近思；言忠信，行笃敬；立则见其参于前，在舆则见其倚于衡，只此是学。质美者明得尽，查滓便浑化，却与天地同体。其次惟庄敬以持养之，及其至则一也。"

子曰："直哉史鱼！邦有道，如矢；邦无道，如矢。史，官名。鱼，卫大夫，名鳝。如矢，言直也。史鱼自以不能进贤退不肖，既死犹以尸谏，故夫子称其直。事见《家语》。君子哉蘧伯玉！邦有道，则仕；邦无道，则可卷而怀之。"伯玉出处，合于圣人之道，故曰君子。卷，收也。怀，藏也。如于孙林父、宁殖放弑之谋，不对而出，亦其事也。杨氏曰："史鱼之直，未尽君子之道。若蘧伯玉，然后可免于乱世。若史鱼之如矢，则虽欲卷而怀之，有不可得也。"

子曰："可与言而不与之言，失人；不可与言而与之言，失言。知者不失人，亦不失言。"知，去声。

子曰："志士仁人，无求生以害仁，有杀身以成仁。"志士，有志之士。仁人，则成德之人也。理当死而求生，则于其心有不安矣，是害其心之德也。当死而死，则心安而德全矣。程子曰："实理得之于心自别。实理者，实见得是，实见得非也。古人有捐躯陨命者，若不实见得，恶能如此？须是实见得生不重于义、生不安于死也，故有杀身以成仁者，只是成就一个是而已。"

子贡问为仁。子曰："工欲善其事，必先利其器。居是邦也，事其大夫之贤者，友其士之仁者。”贤以事言，仁以德言。夫子尝谓子贡悦不若己者，故以是告之。欲其有所严惮切磋以成其德也。程子曰：“子贡问为仁，非问仁也，故孔子告之以为仁之资而已。”

颜渊问为邦。颜子王佐之才，故问治天下之道。曰为邦者，谦辞。子曰：“行夏之时，夏时，谓以斗柄初昏建寅之月为岁首也。天开于子，地辟于丑，人生于寅，故斗柄建此三辰之月，皆可以为岁首。而三代迭用之，夏以寅为人正，商以丑为地正，周以子为天正也。然时以作事，则岁月自当以人为纪。故孔子尝曰，“吾得夏时焉”，而说者以为谓《夏小正》之属。盖取其时之正与其令之善，而于此又以告颜子也。乘殷之辂，辂，音路，亦作路。商辂，木辂也。辂者，大车之名。古者以木为车而已，至商而有辂之名，盖始异其制也。周人饰以金玉，则过侈而易败，不若商辂之朴素浑坚而等威已辨，为质而得其中也。服周之冕，周冕有五，祭服之冠也。冠上有覆，前后有旒。黄帝以来，盖已有之，而制度仪等，至周始备。然其为物小，而加于众体之上，故虽华而不为靡，虽费而不及奢。夫子取之，盖亦以为文而得其中也。乐则《韶》舞。取其尽善尽美。放郑声，远佞人。郑声淫，佞人殆。”远，去声。放，谓禁绝之。郑声，郑国之音。佞人，卑谄辨给之人。殆，危也。程子曰：“问政多矣，惟颜渊告之以此。盖三代之制，皆因时损益，及其久也，不能无弊。周衰，圣人不作，故孔子斟酌先王之礼，立万世常行之道，发此以为之兆尔。由是求之，则余皆可考也。”张子曰：“礼乐，治之法也。放郑声，远佞人，法外意也。一日不谨，则法坏矣。虞、夏君臣更相饬戒，意盖如此。”又曰：“法立而能守，则德可久，业可大。郑声佞人，能使人丧其所守，故放远之。”尹氏曰：“此所谓百王不易之大法。孔子之作《春秋》，盖此意也。孔颜虽不得行之于时，然其为治之法，可得而见矣。”

子曰：“人无远虑，必有近忧。”苏氏曰：“人之所履者，容足之外，皆为无用之地，而不可废也。故虑不在千里之外，则患在几席之下矣。”

子曰：“已矣乎！吾未见好德如好色者也。”好，去声。已矣乎，叹其终不得而见也。

子曰：“臧文仲其窃位者与？知柳下惠之贤，而不与立也。”者与之与，平声。窃位，言不称其位而有愧于心，如盗得而阴据之也。柳下惠，鲁大夫展获，字禽，食邑柳下，谥曰惠。与立，谓与之并立于朝。范氏曰：“臧文仲为政于鲁，若不知贤，是不明也；知而不举，是蔽贤也。不明之罪小，蔽贤之罪大。故孔子以为不仁，又以为窃位。”

子曰：“躬自厚而薄责于人，则远怨矣。”远，去声。责己厚，故身益修；责人薄，故人易从，所以人不得而怨之。

子曰:"不曰'如之何、如之何'者,吾末如之何也已矣。"如之何、如之何者,熟思而审处之辞也。不如是而妄行,虽圣人亦无如之何矣。

子曰:"群居终日,言不及义,好行小慧,难矣哉!"好,去声。小慧,私智也。言不及义,则放辟邪侈之心滋。好行小慧,则行险侥幸之机熟。难矣哉者,言其无以入德,而将有患害也。

子曰:"君子义以为质,礼以行之,孙以出之,信以成之。君子哉!"孙,去声。义者制事之本,故以为质干。而行之必有节文,出之必以退逊,成之必在诚实,乃君子之道也。程子曰:"义以为质,如质干然。礼行此,孙出此,信成此。此四句只是一事,以义为本。"又曰:"'敬以直内,则义以方外。''义以为质,则礼以行之,孙以出之,信以成之。'"

子曰:"君子病无能焉,不病人之不己知也。"

子曰:"君子疾没世而名不称焉。"范氏曰:"君子学以为己,不求人知。然没世而名不称焉,则无为善之实可知矣。"

子曰:"君子求诸己,小人求诸人。"谢氏曰:"君子无不反求诸己,小人反是。此君子小人所以分也。"杨氏曰:"君子虽不病人之不己知,然亦疾没世而名不称也。虽疾没世而名不称,然所以求者,亦反诸己而已。小人求诸人,故违道干誉,无所不至。三者文不相蒙,而义实相足,亦记言者之意。"

子曰:"君子矜而不争,群而不党。"庄以持己曰矜。然无乖戾之心,故不争。和以处众曰群。然无阿比之意,故不党。

子曰:"君子不以言举人,不以人废言。"

子贡问曰:"有一言而可以终身行之者乎?"子曰:"其恕乎!己所不欲,勿施于人。"推己及物,其施不穷,故可以终身行之。尹氏曰:"学贵于知要。子贡之问,可谓知要矣。孔子告以求仁之方也。推而极之,虽圣人之无我,不出乎此。终身行之,不亦宜乎?"

子曰:"吾之于人也,谁毁谁誉?如有所誉者,其有所试矣。誉,平声。毁者,称人之恶而损其真。誉者,扬人之善而过其实。夫子无是也。然或有所誉者,则必尝有以试之,而知其将然矣。圣人善善之速,而无所苟如此。若其恶恶,则已缓矣。是以虽有以前知其恶,而终无所毁也。斯民也,三代之所以直道而行也。"斯民者,今此之人也。三代,夏、商、周也。直道,无私曲也。言吾之所以无所毁誉者,盖以此民,即三代之时所以善其善、恶其恶而无所私曲之民。故我今亦不得而枉其是非之实也。尹氏曰:"孔子之于人也,岂有意于毁誉之哉?其所以誉之者,盖试而知其美故也。斯民也,三代所以直道而行,岂得容私于其间哉?"

子曰："吾犹及史之阙文也，有马者借人乘之。今亡矣夫！"夫，音扶。杨氏曰："史阙文、马借人，此二事孔子犹及见之。今亡矣夫，悼时之益偷也。"愚谓此必有为而言。盖虽细故，而时变之大者可知矣。胡氏曰："此章义疑，不可强解。"

子曰："巧言乱德，小不忍则乱大谋。"巧言，变乱是非，听之使人丧其所守。小不忍，如妇人之仁、匹夫之勇皆是。

子曰："众恶之，必察焉；众好之，必察焉。"好、恶，并去声。杨氏曰："惟仁者能好恶人。众好恶之而不察，则或蔽于私矣。"

子曰："人能弘道，非道弘人。"弘，廓而大之也。人外无道，道外无人。然人心有觉，而道体无为；故人能大其道，道不能大其人也。张子曰："心能尽性，人能弘道也；性不知检其心，非道弘人也。"

子曰："过而不改，是谓过矣。"过而能改，则复于无过。惟不改则其过遂成，而将不及改矣。

子曰："吾尝终日不食，终夜不寝，以思，句。无益，句。不如学也。"此为思而不学者言之。盖劳心以必求，不如逊志而自得也。李氏曰："夫子非思而不学者，特垂语以教人尔。"

子曰："君子谋道不谋食。耕也，馁在其中矣；学也，禄在其中矣。君子忧道不忧贫。"馁，奴罪反。耕所以谋食，而未必得食。学所以谋道，而禄在其中。然其学也，忧不得乎道而已，非为忧贫之故，而欲为是以得禄也。尹氏曰："君子治其本而不恤其末，岂以在外者为忧乐哉？"

子曰："知及之，仁不能守之，虽得之，必失之。知，去声。知足以知此理，而私欲间之，则无以有之于身矣。知及之，仁能守之，不庄以莅之，则民不敬。莅，临也。谓临民也。知此理而无私欲以间之，则所知者在我而不失矣。然犹有不庄者，盖气习之偏，或有厚于内而不严于外者，是以民不见其可畏而慢易之。下句放此。知及之，仁能守之，庄以莅之，动之不以礼，未善也。"动之，动民也。犹曰鼓舞而作兴之云尔。礼，谓义理之节文。愚谓学至于仁，则善有诸己而大本立矣。莅之不庄，动之不以礼，乃其气禀学问之小疵，然亦非尽善之道也。故夫子历言之，使知德愈全则责愈备，不可以为小节而忽之也。

子曰："君子不可小知，而可大受也；小人不可大受，而可小知也。"此言观人之法。知，我知之也。受，彼所受也。盖君子于细事未必可观，而材德足以任重；小人虽器量浅狭，而未必无一长可取。

子曰："民之于仁也，甚于水火。水火，吾见蹈而死者矣，未见蹈仁而死者也。"民之于水火，所赖以生，不可一日无。其于仁也亦然。但水火外物，而仁在己。无水火，不过害人之身，而不仁则失其心。是仁有甚于水火，而尤不可以一日无也。况水火或有时而杀人，仁则未尝杀人，亦何惮而不为哉？李氏曰："此夫子勉人为仁之语。"下章放此。

子曰："当仁不让于师。"当仁，以仁为己任也。虽师亦无所逊，言当勇往而必为也。盖仁者，人所自有而自为之，非有争也，何逊之有？程子曰："为仁在己，无所与逊。若善名在外，则不可不逊。"

子曰："君子贞而不谅。"贞，正而固也。谅，则不择是非而必于信。

子曰："事君，敬其事而后其食。"后，与后获之后同。食，禄也。君子之仕也，有官守者修其职，有言责者尽其忠。皆以敬吾之事而已，不可先有求禄之心也。

子曰："有教无类。"人性皆善，而其类有善恶之殊者，气习之染也。故君子有教，则人皆可以复于善，而不当复论其类之恶矣。

子曰："道不同，不相为谋。"为，去声。不同，如善恶邪正之异。

子曰："辞达而已矣。"辞，取达意而止，不以富丽为工。

师冕见，及阶，子曰："阶也。"及席，子曰："席也。"皆坐，子告之曰："某在斯，某在斯。"见，贤遍反。师，乐师，瞽者。冕，名。再言某在斯，历举在坐之人以诏之。师冕出。子张问曰："与师言之道与？"与，平声。圣门学者，于夫子之一言一动，无不存心省察如此。子曰："然。固相师之道也。"相，去声。相，助也。古者瞽必有相，其道如此。盖圣人于此，非作意而为之，但尽其道而已。尹氏曰："圣人处己为人，其心一致，无不尽其诚故也。有志于学者，求圣人之心，于斯亦可见矣。"范氏曰："圣人不侮鳏寡，不虐无告，可见于此。推之天下，无一物不得其所矣。"

季氏第十六

洪氏曰："此篇或以为《齐论》。"凡十四章。

季氏将伐颛臾。颛，音专。臾，音俞。颛臾，国名。鲁附庸也。冉有、季路见于孔子曰："季氏将有事于颛臾。"见，贤遍反。按《左传》《史记》，二子仕季氏不同时。此云尔者，疑子路尝从孔子自卫反鲁，再仕季氏，不久而复之卫也。孔子曰："求！无乃尔是过与？与，平声。冉求为季氏聚敛，尤用事。故夫子独责之。

夫颛臾,昔者先王以为东蒙主,且在邦域之中矣,是社稷之臣也。何以伐为?”夫,音扶。东蒙,山名。先王封颛臾于此山之下,使主其祭,在鲁地七百里之中。社稷,犹云公家。是时四分鲁国,季氏取其二,孟孙、叔孙各有其一。独附庸之国尚为公臣,季氏又欲取以自益。故孔子言颛臾乃先王封国,则不可伐;在邦域之中,则不必伐;是社稷之臣,则非季氏所当伐也。此事理之至当,不易之定体,而一言尽其曲折如此,非圣人不能也。冉有曰:“夫子欲之,吾二臣者皆不欲也。”夫子,指季孙。冉有实与谋,以孔子非之,故归咎于季氏。孔子曰:“求!周任有言曰:‘陈力就列,不能者止。’危而不持,颠而不扶,则将焉用彼相矣?任,平声。焉,于虔反。相,去声,下同。周任,古之良史。陈,布也。列,位也。相,瞽者之相也。言二子不欲则当谏,谏而不听则当去也。且尔言过矣。虎兕出于柙,龟玉毁于椟中,是谁之过与?”兕,徐履反。柙,户甲反。椟,音独。与,平声。兕,野牛也。柙,槛也。椟,匮也。言在柙而逸,在椟而毁,典守者不得辞其过。明二子居其位而不去,则季氏之恶,己不得不任其责也。冉有曰:“今夫颛臾,固而近于费。今不取,后世必为子孙忧。”夫,音扶。固,谓城郭完固。费,季氏之私邑。此则冉求之饰辞,然亦可见其实与季氏之谋矣。孔子曰:“求!君子疾夫舍曰欲之,而必为之辞。夫,音扶。舍,上声。欲之,谓贪其利。丘也闻,有国有家者,不患寡而患不均,不患贫而患不安。盖均无贫,和无寡,安无倾。寡,谓民少。贫,谓财乏。均,谓各得其分。安,谓上下相安。季氏之欲取颛臾,患寡与贫耳。然是时季氏据国,而鲁公无民,则不均矣。君弱臣强,互生嫌隙,则不安矣。均则不患于贫而和,和则不患于寡而安,安则不相疑忌,而无倾覆之患。夫如是,故远人不服,则修文德以来之。既来之,则安之。夫,音扶。内治修,然后远人服。有不服,则修德以来之,亦不当勤兵于远。今由与求也,相夫子,远人不服而不能来也;邦分崩离析而不能守也。子路虽不与谋,而素不能辅之以义,亦不得为无罪,故并责之。远人,谓颛臾。分崩离析,谓四分公室,家臣屡叛。而谋动干戈于邦内。吾恐季孙之忧,不在颛臾,而在萧墙之内也。”干,楯也。戈,戟也。萧墙,屏也。言不均不和,内变将作。其后哀公果欲以越伐鲁而去季氏。谢氏曰:“当是时,三家强,公室弱,冉求又欲伐颛臾以附益之。夫子所以深罪之,为其瘠鲁以肥三家也。”洪氏曰:“二子仕于季氏,凡季氏所欲为,必以告于夫子,则因夫子之言而救止者,宜亦多矣。伐颛臾之事,不见于经传,其以夫子之言而止也与?”

孔子曰:“天下有道,则礼乐征伐自天子出;天下无道,则礼乐征伐自诸侯出。自诸侯出,盖十世希不失矣;自大夫出,五世希不失矣;陪臣执国命,三世希不失矣。先王之制,诸侯不得变礼乐,专征伐。陪臣,家臣也。逆理愈甚,则其失之愈速。大约世数,不过如此。天下有道,则政不在大夫。言不得专政。天下有道,则庶人不议。"上无失政,则下无私议。非钳其口使不敢言也。此章通论天下之势。

孔子曰:"禄之去公室,五世矣;政逮于大夫,四世矣;故夫三桓之子孙,微矣。"夫,音扶。鲁自文公薨,公子遂杀子赤,立宣公,而君失其政。历成、襄、昭、定,凡五公。逮,及也。自季武子始专国政,历悼、平、桓子,凡四世,而为家臣阳虎所执。三桓,三家,皆桓公之后。此以前章之说推之,而知其当然也。此章专论鲁事,疑与前章皆定公时语。苏氏曰:"礼乐征伐自诸侯出,宜诸侯之强也。而鲁以失政,政逮于大夫,宜大夫之强也,而三桓以微。何也?强生于安,安生于上下之分定。今诸侯大夫皆陵其上,则无以令其下矣,故皆不久而失之也。"

孔子曰:"益者三友,损者三友。友直,友谅,友多闻,益矣。友便辟,友善柔,友便佞,损矣。"便,平声。辟,婢亦反。友直,则闻其过。友谅,则进于诚。友多闻,则进于明。便,习熟也。便辟,谓习于威仪而不直。善柔,谓工于媚悦而不谅。便佞,谓习于口语,而无闻见之实。三者损益,正相反也。尹氏曰:"自天子至于庶人,未有不须友以成者。而其损益有如是者,可不谨哉?"

孔子曰:"益者三乐,损者三乐。乐节礼乐,乐道人之善,乐多贤友,益矣。乐骄乐,乐佚游,乐宴乐,损矣。"乐,五教反。礼乐之乐,音岳。骄乐、宴乐之乐,音洛。节,谓辨其制度声容之节。骄乐,则侈肆而不知节。佚游,则惰慢而恶闻善。宴乐,则淫溺而狎小人。三者损益,亦相反也。尹氏曰:"君子之于好乐,可不谨哉?"

孔子曰:"侍于君子有三愆:言未及之而言谓之躁,言及之而不言谓之隐,未见颜色而言谓之瞽。"君子,有德位之通称。愆,过也。瞽,无目,不能察言观色。尹氏曰:"时然后言,则无三者之过矣。"

孔子曰:"君子有三戒:少之时,血气未定,戒之在色;及其壮也,血气方刚,戒之在斗;及其老也,血气既衰,戒之在得。"血气,形之所待以生者,血阴而气阳也。得,贪得也。随时知戒,以理胜之,则不为血气所使也。范氏曰:"圣人同于人者血气也,异于人者志气也。血气有时而衰,志气则无时而衰也。少未定、壮而刚、老而衰者,血气也。戒于色、戒于斗、戒于得者,志气也。君子养其志气,故不为血气所动,是以年弥高而德弥邵也。"

孔子曰:"君子有三畏:畏天命,畏大人,畏圣人之言。畏者,严惮之意也。天命者,天所赋之正理也。知其可畏,则其戒谨恐惧,自有不能已者。而付畀之重,可以不失矣。大人、圣言,皆天命所当畏。知畏天命,则不得不畏之矣。小人不知天命而不畏也,狎大人,侮圣人之言。”侮,戏玩也。不知天命,故不识义理,而无所忌惮如此。尹氏曰:“三畏者,修己之诚当然也。小人不务修身诚己,则何畏之有?”

孔子曰:“生而知之者,上也;学而知之者,次也;困而学之,又其次也;困而不学,民斯为下矣。”困,谓有所不通。言人之气质不同,大约有此四等。杨氏曰:“生知、学知以至困学,虽其质不同,然及其知之一也。故君子惟学之为贵。困而不学,然后为下。”

孔子曰:“君子有九思:视思明,听思聪,色思温,貌思恭,言思忠,事思敬,疑思问,忿思难,见得思义。”难,去声。视无所蔽,则明无不见。听无所壅,则聪无不闻。色,见于面者。貌,举身而言。思问,则疑不蓄。思难,则忿必惩。思义,则得不苟。程子曰:“九思各专其一。”谢氏曰:“未至于从容中道,无时而不自省察也,虽有不存焉者寡矣。此之谓思诚。”

孔子曰:“见善如不及,见不善如探汤。吾见其人矣,吾闻其语矣。探,吐南反。真知善恶而诚好恶之,颜、曾、闵、冉之徒,盖能之矣。语,盖古语也。隐居以求其志,行义以达其道。吾闻其语矣,未见其人也。”求其志,守其所达之道也。达其道,行其所求之志也。盖惟伊尹、太公之流,可以当之。当时若颜子,亦庶乎此。然隐而未见,又不幸而蚤死,故夫子言然。

齐景公有马千驷,死之日,民无德而称焉。伯夷、叔齐饿于首阳之下,民到于今称之。驷,四马也。首阳,山名。其斯之谓与?与,平声。胡氏曰:“程子以为第十二篇错简‘诚不以富,亦只以异’,当在此章之首。今详文势,似当在此句之上。言人之所称,不在于富,而在于异也。”愚谓此说近是,而章首当有“孔子曰”字,盖阙文耳。大抵此书后十篇多阙误。

陈亢问于伯鱼曰:“子亦有异闻乎?”亢,音刚。亢以私意窥圣人,疑必阴厚其子。对曰:“未也。尝独立,鲤趋而过庭。曰:‘学《诗》乎?’对曰:‘未也。’‘不学《诗》,无以言。’鲤退而学《诗》。事理通达,而心气和平,故能言。他日又独立,鲤趋而过庭。曰:‘学礼乎?’对曰:‘未也。’‘不学礼,无以立。’鲤退而学礼。品节详明,而德性坚定,故能立。闻斯二者。”当独立之时,所闻不过如此,其无异闻可知。陈亢退而喜曰:“问一得三,闻《诗》,闻礼,又闻君子之远其子也。”远,去声。尹氏曰:“孔子之教其子,无异于门人,故陈亢以为远其子。”

邦君之妻,君称之曰夫人,夫人自称曰小童;邦人称之曰君夫人,称诸异邦曰寡小君;异邦人称之亦曰君夫人。寡,寡德,谦辞。吴氏曰:“凡《语》中所载如此类者,不知何谓。或古有之,或夫子尝言之,不可考也。”

卷　九

阳货第十七

凡二十六章。

阳货欲见孔子，孔子不见，归孔子豚。孔子时其亡也，而往拜之，遇诸涂。归，如字，一作馈。阳货，季氏家臣，名虎。尝囚季桓子而专国政。欲令孔子来见己，而孔子不往。货以礼："大夫有赐于士，不得受于其家，则往拜其门。"故瞰孔子之亡而归之豚，欲令孔子来拜而见之也。谓孔子曰："来！予与尔言。"曰："怀其宝而迷其邦，可谓仁乎？"曰："不可。""好从事而亟失时，可谓知乎？"曰："不可。""日月逝矣，岁不我与。"孔子曰："诺。吾将仕矣。"好、亟、知，并去声。怀宝迷邦，谓怀藏道德，不救国之迷乱。亟，数也。失时，谓不及事几之会。将者，且然而未必之辞。货语皆讥孔子而讽使速仕。孔子固未尝如此，而亦非不欲仕也，但不仕于货耳。故直据理答之，不复与辩，若不谕其意者。阳货之欲见孔子，虽其善意，然不过欲使助己为乱耳。故孔子不见者，义也。其往拜者，礼也。必时其亡而往者，欲其称也。遇诸涂而不避者，不终绝也。随问而对者，理之直也。对而不辩者，言之孙而亦无所诎也。杨氏曰："扬雄谓孔子于阳货也，敬所不敬，为诎身以信道。非知孔子者。盖道外无身，身外无道。身诎矣而可以信道，吾未之信也。"

子曰："性相近也，习相远也。"此所谓性，兼气质而言者也。气质之性，固有美恶之不同矣。然以其初而言，则皆不甚相远也。但习于善则善，习于恶则恶，于是始相远耳。程子曰："此言气质之性，非言性之本也。若言其本，则性即是理，理无不善，孟子之言性善是也。何相近之有哉？"

子曰："唯上知与下愚不移。"知，去声。此承上章而言。人之气质相近之中，又有美恶一定，而非习之所能移者。程子曰："人性本善，有不可移者何也？语其性则皆善也，语其才则有下愚之不移。所谓下愚有二焉：自暴自弃也。人苟以善自治，则无不可移，虽昏愚之至，皆可渐磨而进也。惟自暴者拒之以不信，自弃者绝之以不为，虽圣人与居，不能化而入也，仲尼之所谓下愚也。然其质非必昏且愚也，往往强戾而才力有过人者，商辛是也。圣人以其自绝于善，谓之下愚，然考其归则诚愚也。"或曰："此与上章当合为一，子曰二字，盖衍文耳。"

子之武城，闻弦歌之声。弦，琴瑟也。时子游为武城宰，以礼乐为教，故邑人皆弦歌也。夫子莞尔而笑，曰："割鸡焉用牛刀？"莞，华版反。焉，于虔反。莞尔，小笑貌，盖喜之也。因言其治小邑，何必用此大道也。子游对曰："昔者偃也闻诸夫子曰：'君子学道则爱人，小人学道则易使也。'"易，去声。君子、小人，以位言之。子游所称，盖夫子之常言。言君子小人，皆不可以不学。故武城虽小，亦必教以礼乐。子曰："二三子！偃之言是也。前言戏之耳。"嘉子游之笃信，又以解门人之惑也。治有大小，而其治之必用礼乐，则其为道一也。但众人多不能用，而子游独行之。故夫子骤闻而深喜之，因反其言以戏之。而子游以正对，故复是其言，而自实其戏也。

公山弗扰以费畔，召，子欲往。弗扰，季氏宰。与阳货共执桓子，据邑以叛。子路不说，曰："末之也已，何必公山氏之之也。"说，音悦。末，无也。言道既不行，无所往矣，何必公山氏之往乎？子曰："夫召我者，而岂徒哉？如有用我者，吾其为东周乎？"夫，音扶。岂徒哉，言必用我也。为东周，言兴周道于东方。程子曰："圣人以天下无不可有为之人，亦无不可改过之人，故欲往。然而终不往者，知其必不能改故也。"

子张问仁于孔子。孔子曰："能行五者于天下，为仁矣。"请问之。曰："恭、宽、信、敏、惠。恭则不侮，宽则得众，信则人任焉，敏则有功，惠则足以使人。"行是五者，则心存而理得矣。于天下，言无适而不然，犹所谓虽之夷狄不可弃者。五者之目，盖因子张所不足而言耳。任，倚仗也，又言其效如此。张敬夫曰："能行此五者于天下，则其心公平而周遍可知矣。然恭其本与？"李氏曰："此章与六言、六蔽、五美、四恶之类，皆与前后文体大不相似。"

佛肸召，子欲往。佛，音弼。肸，许密反。佛肸，晋大夫赵氏之中牟宰也。子路曰："昔者由也闻诸夫子曰：'亲于其身为不善者，君子不入也。'佛肸以中牟畔，子之往也，如之何！"子路恐佛肸之浼夫子，故问此以止夫子之行。亲，犹自也。不入，不入其党也。子曰："然。有是言也。不曰坚乎，磨而不磷；不曰白乎，涅而不缁。磷，力刃反。涅，乃结反。磷，薄也。涅，染皂物。言人之不善，不能涴己。杨氏曰："磨不磷，涅不缁，而后无可无不可。坚白不足，而欲自试于磨涅，其不磷缁也者几希。"吾岂匏瓜也哉？焉能系而不食？"焉，于虔反。匏，瓠也。匏瓜系于一处而不能饮食，人则不如是也。张敬夫曰："子路昔者之所闻，君子守身之常法。夫子今日之所言，圣人体道之大权也。然夫子于公山、佛肸之召皆欲往者，以天下无不可变之人，无不可为之事也。其卒不往者，知其人之终不可变而事之终不可为耳。一则生物之仁，一则知人之智也。"

子曰："由也，女闻六言六蔽矣乎？"对曰："未也。"女，音汝，下同。蔽，遮掩也。"居！吾语女。语，去声。礼：君子问更端，则起而对。故孔子谕子路，使还坐而告之。好仁不好学，其蔽也愚；好知不好学，其蔽也荡；好信不好学，其蔽也贼；好直不好学，其蔽也绞；好勇不好学，其蔽也乱；好刚不好学，其蔽也狂。"好、知，并去声。六言皆美德，然徒好之而不学以明其理，则各有所蔽。愚，若可陷可罔之类。荡，谓穷高极广而无所止。贼，谓伤害于物。勇者，刚之发。刚者，勇之体。狂，躁率也。范氏曰："子路勇于为善，其失之者，未能好学以明之也，故告之以此。曰勇、曰刚、曰信、曰直，又皆所以救其偏也。"

子曰："小子！何莫学夫《诗》？夫，音扶。小子，弟子也。《诗》，可以兴，感发志意。可以观，考见得失。可以群，和而不流。可以怨。怨而不怒。迩之事父，远之事君。人伦之道，《诗》无不备，二者举重而言。多识于鸟兽草木之名。"其绪余又足以资多识。学《诗》之法，此章尽之。读是经者，所宜尽心也。

子谓伯鱼曰："女为《周南》《召南》矣乎？人而不为《周南》《召南》，其犹正墙面而立也与？"女，音汝。与，平声。为，犹学也。《周南》《召南》，《诗》首篇名，所言皆修身齐家之事。正墙面而立，言即其至近之地，而一物无所见，一步不可行。

子曰："礼云礼云，玉帛云乎哉？乐云乐云，钟鼓云乎哉？"敬而将之以玉帛，则为礼；和而发之以钟鼓，则为乐。遗其本而专事其末，则岂礼乐之谓哉？程子曰："礼只是一个序，乐只是一个和。只此两字，含蓄多少义理。天下无一物无礼乐。且如置此两椅，一不正，便是无序。无序便乖，乖便不和。又如盗贼至为不道，然亦有礼乐。盖必有总属，必相听顺，乃能为盗。不然，则叛乱无统，不能一日相聚而为盗也。礼乐无处无之，学者须要识得。"

子曰："色厉而内荏，譬诸小人，其犹穿窬之盗也与？"荏，而审反。与，平声。厉，威严也。荏，柔弱也。小人，细民也。穿，穿壁。窬，逾墙。言其无实盗名，而常畏人知也。

子曰："乡原，德之贼也。"乡者，鄙俗之意。原，与愿同。《荀子》"原悫"，《注》读作愿是也。乡原，乡人之愿者也。盖其同流合污以媚于世，故在乡人之中，独以愿称。夫子以其似德非德，而反乱乎德，故以为德之贼而深恶之。详见《孟子》末篇。

子曰："道听而涂说，德之弃也。"虽闻善言，不为己有，是自弃其德也。王氏曰："君子多识前言往行以畜其德，道听涂说，则弃之矣。"

子曰："鄙夫可与事君也与哉？与，平声。鄙夫，庸恶陋劣之称。其未得之也，患得之；既得之，患失之。何氏曰："患得之，谓患不能得之。"苟患失之，无所不至矣。"小则吮痈舐痔，大则弑父与君，皆生于患失而已。胡氏曰："许昌靳裁之有言曰：'士之品大概有三：志于道德者，功名不足以累其心；志于功名者，富贵不足以累其心；志于富贵而已者，则亦无所不至矣。'志于富贵，即孔子所谓鄙夫也。"

子曰："古者民有三疾，今也或是之亡也。气失其平则为疾，故气禀之偏者亦谓之疾。昔所谓疾，今亦无之，伤俗之益衰也。古之狂也肆，今之狂也荡；古之矜也廉，今之矜也忿戾；古之愚也直，今之愚也诈而已矣。"狂者，志愿太高。肆，谓不拘小节。荡，则逾大闲矣。矜者，持守太严。廉，谓棱角峭厉。忿戾则至于争矣。愚者，暗昧不明。直，谓径行自遂。诈，则挟私妄作矣。范氏曰："末世滋伪，岂惟贤者不如古哉？民性之蔽，亦与古人异矣。"

子曰："巧言令色，鲜矣仁。"重出。

子曰："恶紫之夺朱也，恶郑声之乱雅乐也，恶利口之覆邦家者。"恶，去声。覆，芳服反。朱，正色。紫，间色。雅，正也。利口，捷给。覆，倾败也。范氏曰："天下之理，正而胜者常少，不正而胜者常多，圣人所以恶之也。利口之人，以是为非，以非为是，以贤为不肖，以不肖为贤。人君苟悦而信之，则国家之覆也不难矣。"

子曰："予欲无言。"学者多以言语观圣人，而不察其天理流行之实，有不待言而著者。是以徒得其言，而不得其所以言，故夫子发此以警之。子贡曰："子如不言，则小子何述焉？"子贡正以言语观圣人者，故疑而问之。子曰："天何言哉？四时行焉，百物生焉，天何言哉？"四时行，百物生，莫非天理发见流行之实，不待言而可见。圣人一动一静，莫非妙道精义之发，亦天而已，岂待言而显哉？此亦开示子贡之切，惜乎其终不喻也。程子曰："孔子之道，譬如日星之明，犹患门人未能尽晓，故曰'予欲无言'。若颜子则便默识，其他则未免疑问，故曰'小子何述'。"又曰："'天何言哉，四时行焉，百物生焉'，则可谓至明白矣。"愚按：此与前篇无隐之意相发，学者详之。

孺悲欲见孔子，孔子辞以疾。将命者出户，取瑟而歌，使之闻之。孺悲，鲁人，尝学士丧礼于孔子。当是时必有以得罪者。故辞以疾，而又使知其非疾，以警教之也。程子曰："此孟子所谓不屑之教诲，所以深教之也。"

宰我问："三年之丧，期已久矣。期，音基，下同。期，周年也。君子三年不为礼，礼必坏；三年不为乐，乐必崩。恐居丧不习而崩坏也。旧谷既没，新谷既升，钻燧改火，期可已矣。"钻，祖官反。没，尽也。升，登也。燧，取火之木也。改火，春取榆柳之火，夏取枣杏之火，夏季取桑柘之火，秋取柞楢之火，冬取槐檀之火，亦一年而周也。已，止也。言期年则天运一周，时物皆变，丧至此可止也。尹氏曰："短丧之说，下愚且耻言之。宰我亲学圣人之门，而以是为问者，有所疑于心而不敢强焉尔。"子曰："食夫稻，衣夫锦，于女安乎？"曰："安。"夫，音扶，下同。衣，去声。女，音汝，下同。礼：父母之丧，既殡，食粥、粗衰。既葬，疏食、水饮，受以成布。期而小祥，始食菜果，练冠縓缘，要绖不除，无食稻衣锦之理。夫子欲宰我反求诸心，自得其所以不忍者。故问之以此，而宰我不察也。"女安则为之！夫君子之居丧，食旨不甘，闻乐不乐，居处不安，故不为也。今女安，则为之！"乐，上如字，下音洛。此夫子之言也。旨，亦甘也。初言女安则为之，绝之之辞。又发其不忍之端，以警其不察，而再言女安则为之以深责之。宰我出。子曰："予之不仁也！子生三年，然后免于父母之怀。夫三年之丧，天下之通丧也。予也有三年之爱于其父母乎？"宰我既出，夫子惧其真以为可安而遂行之，故深探其本而斥之，言由其不仁，故爱亲之薄如此也。怀，抱也。又言君子所以不忍于亲，而丧必三年之故。使之闻之，或能反求而终得其本心也。范氏曰："丧虽止于三年，然贤者之情则无穷也。特以圣人为之中制而不敢过，故必俯而就之。非以三年之丧，为足以报其亲也。所谓三年而后免于父母之怀，特以责宰我之无恩，欲其有以跂而及之尔。"

子曰："饱食终日，无所用心，难矣哉！不有博弈者乎，为之犹贤乎已。"博，局戏也。弈，围棋也。已，止也。李氏曰："圣人非教人博弈也，所以甚言无所用心之不可尔。"

子路曰："君子尚勇乎？"子曰："君子义以为上。君子有勇而无义为乱，小人有勇而无义为盗。"尚，上之也。君子为乱，小人为盗，皆以位而言者也。尹氏曰："义以为尚，则其勇也大矣。子路好勇，故夫子以此救其失也。"胡氏曰："疑此子路初见孔子时问答也。"

子贡曰："君子亦有恶乎？"子曰："有恶：恶称人之恶者，恶居下流而讪上者，恶勇而无礼者，恶果敢而窒者。"恶，去声，下同。惟恶者之恶如字。讪，所谏反。讪，谤毁也。窒，不通也。称人恶，则无仁厚之意；下讪上，则无忠敬之心；勇无礼，则为乱；果而窒，则妄作。故夫子恶之。曰："赐也亦有恶乎？"

“恶徼以为知者，恶不孙以为勇者，恶讦以为直者。”徼，古尧反。知、孙，并去声。讦，居谒反。恶徼以下，子贡之言也。徼，伺察也。讦，谓攻发人之阴私。杨氏曰：“仁者无不爱，则君子疑若无恶矣。子贡之有是心也，故问焉以质其是非。”侯氏曰：“圣贤之所恶如此，所谓唯仁者能恶人也。”

子曰：“唯女子与小人为难养也，近之则不孙，远之则怨。”近、孙、远，并去声。此小人，亦谓仆隶下人也。君子之于臣妾，庄以莅之，慈以畜之，则无二者之患矣。

子曰：“年四十而见恶焉，其终也已。”恶，去声。四十，成德之时，见恶于人，则止于此而已，勉人及时迁善改过也。苏氏曰：“此亦有为而言，不知其为谁也。”

微子第十八

此篇多记圣贤之出处，凡十一章。

微子去之，箕子为之奴，比干谏而死。微、箕，二国名。子，爵也。微子，纣庶兄。箕子、比干，纣诸父。微子见纣无道，去之以存宗祀。箕子、比干皆谏，纣杀比干，囚箕子以为奴，箕子因佯狂而受辱。孔子曰：“殷有三仁焉。”三人之行不同，而同出于至诚恻怛之意，故不咈乎爱之理，而有以全其心之德也。杨氏曰：“此三人者，各得其本心，故同谓之仁。”

柳下惠为士师，三黜。人曰：“子未可以去乎？”曰：“直道而事人，焉往而不三黜？枉道而事人，何必去父母之邦？”三，去声。焉，于虔反。士师，狱官。黜，退也。柳下惠三黜不去，而其辞气雍容如此，可谓和矣。然其不能枉道之意，则有确乎其不可拔者。是则所谓必以其道，而不自失焉者也。胡氏曰：“此必有孔子断之之言而亡之矣。”

齐景公待孔子，曰：“若季氏，则吾不能，以季、孟之间待之。”曰：“吾老矣，不能用也。”孔子行。鲁三卿，季氏最贵，孟氏为下卿。孔子去之，事见《世家》。然此言必非面语孔子，盖自以告其臣，而孔子闻之尔。程子曰：“季氏强臣，君待之之礼极隆，然非所以待孔子也。以季、孟之间待之，则礼亦至矣。然复曰‘吾老矣，不能用也’，故孔子去之。盖不系待之轻重，特以不用而去尔。”

齐人归女乐，季桓子受之。三日不朝，孔子行。归，如字，或作馈。朝，音潮。季威子，鲁大夫，名斯。按《史记》，“定公十四年，孔子为鲁司寇，摄行相事。

齐人惧,归女乐以沮之”。尹氏曰:“受女乐而怠于政事如此,其简贤弃礼,不足与有为可知矣。夫子所以行也,所谓见几而作,不俟终日者与?”范氏曰:“此篇记仁贤之出处,而折中以圣人之行,所以明中庸之道也。”

楚狂接舆歌而过孔子曰:“凤兮!凤兮!何德之衰?往者不可谏,来者犹可追。已而,已而!今之从政者殆而!”接舆,楚人,佯狂辟世。夫子时将适楚,故接舆歌而过其车前也。凤有道则见,无道则隐,接舆以比孔子,而讥其不能隐为德衰也。来者可追,言及今尚可隐去。已,止也。而,语助辞。殆,危也。接舆盖知尊孔子而趋不同者也。孔子下,欲与之言。趋而辟之,不得与之言。辟,去声。孔子下车,盖欲告之以出处之意。接舆自以为是,故不欲闻而避之也。

长沮、桀溺耦而耕,孔子过之,使子路问津焉。沮,七余反。溺,乃历反。二人,隐者。耦,并耕也。时孔子自楚反乎蔡。津,济渡处。长沮曰:“夫执舆者为谁?”子路曰:“为孔丘。”曰:“是鲁孔丘与?”曰:“是也。”曰:“是知津矣。”夫,音扶。与,平声。执舆,执辔在车也。盖本子路御而执辔,今下问津,故夫子代之也。知津,言数周流,自知津处。问于桀溺,桀溺曰:“子为谁?”曰:“为仲由。”曰:“是鲁孔丘之徒与?”对曰:“然。”曰:“滔滔者天下皆是也,而谁以易之?且而与其从辟人之士也,岂若从辟世之士哉?”耰而不辍。徒与之与,平声。滔,吐刀反。辟,去声。耰,音忧。滔滔,流而不反之意。以,犹与也。言天下皆乱,将谁与变易之?而,汝也。辟人,谓孔子。辟世,桀溺自谓。耰,覆种也。亦不告以津处。子路行以告。夫子怃然曰:“鸟兽不可与同群,吾非斯人之徒与而谁与?天下有道,丘不与易也。”怃,音武。与,如字。怃然,犹怅然,惜其不喻己意也。言所当与同群者,斯人而已,岂可绝人逃世以为洁哉?天下若已平治,则我无用变易之。正为天下无道,故欲以道易之耳。程子曰:“圣人不敢有忘天下之心,故其言如此也。”张子曰:“圣人之仁,不以无道必天下而弃之也。”

子路从而后,遇丈人,以杖荷蓧。子路问曰:“子见夫子乎?”丈人曰:“四体不勤,五谷不分。孰为夫子?”植其杖而芸。蓧,徒吊反。植,音值。丈人,亦隐者。蓧,竹器。分,辨也。五谷不分,犹言不辨菽麦尔,责其不事农业而从师远游也。植,立之也。芸,去草也。子路拱而立。知其隐者,敬之也。止子路宿,杀鸡为黍而食之,见其二子焉。食,音嗣。见,贤遍反。明日,子路行以告。子曰:“隐者也。”使子路反见之。至则行矣。孔子使子路反见之,盖欲告之以君臣之义。而丈人意子路必将复来,故先去之以灭其迹,亦接舆之意也。子路曰:"不仕无义。长幼之节,不可废也;君臣之义,如之何其废之?欲洁其身,而乱大伦。君子之仕也,行其义也。道之不行,已知之矣。"长,上声。子路述夫子之意如此。盖丈人之接子路甚倨,而子路益恭,丈人因见其二子焉。则于长幼之节,固知其不可废矣,故因其所明以晓之。伦,序也。人之大伦有五:父子有亲,君臣有义,夫妇有别,长幼有序,朋友有信是也。仕所以行君臣之义,故虽知道之不行而不可废。然谓之义,则事之可否,身之去就,亦自有不可苟者。是以虽不洁身以乱伦,亦非忘义以徇禄也。福州有国初时写本,路下有"反子"二字,以此为子路反而夫子言之也。未知是否?范氏曰:"隐者为高,故往而不反。仕者为通,故溺而不止。不与鸟兽同群,则决性命之情以饕富贵。此二者皆惑也,是以依乎中庸者为难。惟圣人不废君臣之义,而必以其正,所以或出或处而终不离于道也。"

逸民:伯夷、叔齐、虞仲、夷逸、朱张、柳下惠、少连。少,去声,下同。逸,遗逸。民者,无位之称。虞仲,即仲雍,与大伯同窜荆蛮者。夷逸、朱张,不见经传。少连,东夷人。子曰:"不降其志,不辱其身,伯夷、叔齐与!"与,平声。谓:"柳下惠、少连,降志辱身矣。言中伦,行中虑,其斯而已矣。"中,去声,下同。柳下惠,事见上。伦,义理之次第也。虑,思虑也。中虑,言有意义合人心。少连事不可考。然《记》称其"善居丧,三日不怠,三月不解。期悲哀,三年忧"。则行之中虑,亦可见矣。谓:"虞仲、夷逸,隐居放言,身中清,废中权。仲雍居吴,断发文身,裸以为饰。隐居独善,合乎道之清。放言自废,合乎道之权。我则异于是,无可无不可。"孟子曰:"孔子可以仕则仕,可以止则止,可以久则久,可以速则速。"所谓无可无不可也。谢氏曰:"七人隐遁不污则同,其立心造行则异。伯夷、叔齐,天子不得臣,诸侯不得友,盖已遁世离群矣,下圣人一等,此其最高与!柳下惠、少连,虽降志而不枉己,虽辱身而不求合,其心有不屑也。故言能中伦,行能中虑。虞仲、夷逸,隐居放言,则言不合先王之法者多矣。然清而不污也,权而适宜也,与方外之士害义伤教而乱大伦者殊科。是以均谓之逸民。"尹氏曰:"七人各守其一节,而孔子则无可无不可,此所以常适其可,而异于逸民之徒也。"扬雄曰:"观乎圣人则见贤人。是以孟子语夷、惠,亦必以孔子断之。"

大师挚适齐,大,音泰。大师,鲁乐官之长。挚,其名也。亚饭干适楚,三饭缭适蔡,四饭缺适秦。饭,扶晚反。缭,音了。亚饭以下,以乐侑食之官。干、缭、缺,皆名也。鼓方叔入于河,鼓,击鼓者。方叔,名。河,河内。播鼗武入于汉,鼗,徒刀反。播,摇也。鼗,小鼓。两旁有耳,持其柄而摇之,则旁耳还自击。武,名也。汉,汉中。少师阳、击磬襄入于海。少,去声。少师,乐官之佐。阳、襄,二人名。襄即孔子所从学琴者。海,海岛也。此记贤人之隐遁以附前章,然未必夫子之言也。末章放此。张子曰:“周衰乐废,夫子自卫反鲁,一尝治之。其后伶人贱工识乐之正。及鲁益衰,三桓僭妄,自大师以下,皆知散之四方,逾河蹈海以去乱。圣人俄顷之助,功化如此。如有用我,期月而可,岂虚语哉?”

周公谓鲁公曰:“君子不施其亲,不使大臣怨乎不以。故旧无大故,则不弃也。无求备于一人。”施,陆氏本作弛,诗纸反。福本同。鲁公,周公子伯禽也。弛,遗弃也。以,用也。大臣非其人则去之,在其位则不可不用。大故,谓恶逆。李氏曰:“四者皆君子之事,忠厚之至也。”胡氏曰:“此伯禽受封之国,周公训戒之辞。鲁人传诵,久而不忘也。其或夫子尝与门弟子言之欤?”

周有八士:伯达、伯适、仲突、仲忽、叔夜、叔夏、季随、季騧。騧,乌瓜反。或曰“成王时人”,或曰“宣王时人”。盖一母四乳而生八子也,然不可考矣。张子曰:“记善人之多也。”愚按:此篇孔子于三仁、逸民、师挚、八士,既皆称赞而品列之;于接舆、沮、溺、丈人,又每有惓惓接引之意。皆衰世之志也,其所感者深矣。在陈之叹,盖亦如此。三仁则无间然矣,其余数君子者,亦皆一世之高士。若使得闻圣人之道,以裁其所过而勉其所不及,则其所立,岂止于此而已哉?

卷 一 〇

子张第十九

此篇皆记弟子之言，而子夏为多，子贡次之。盖孔门自颜子以下，颖悟莫若子贡；自曾子以下，笃实无若子夏。故特记之详焉。凡二十五章。

子张曰："士见危致命，见得思义，祭思敬，丧思哀，其可已矣。"致命，谓委致其命，犹言授命也。四者立身之大节，一有不至，则余无足观。故言士能如此，则庶乎其可矣。

子张曰："执德不弘，信道不笃，焉能为有？焉能为亡？"焉，于虔反。亡，读作无，下同。有所得而守之太狭，则德孤；有所闻而信之不笃，则道废。焉能为有无，犹言不足为轻重。

子夏之门人问交于子张。子张曰："子夏云何？"对曰："子夏曰：'可者与之，其不可者拒之。'"子张曰："异乎吾所闻：君子尊贤而容众，嘉善而矜不能。我之大贤与，于人何所不容？我之不贤与，人将拒我，如之何其拒人也？"贤与之与，平声。子夏之言迫狭，子张讥之是也，但其所言亦有过高之病。盖大贤虽无所不容，然大故亦所当绝；不贤固不可以拒人，然损友亦所当远。学者不可不察。

子夏曰："虽小道，必有可观者焉；致远恐泥，是以君子不为也。"泥，去声。小道，如农圃医卜之属。泥，不通也。杨氏曰："百家众技，犹耳目鼻口，皆有所明而不能相通。非无可观也，致远则泥矣，故君子不为也。”

子夏曰：“日知其所亡，月无忘其所能，可谓好学也已矣。”亡，读作无。好，去声。亡，无也。谓己之所未有。尹氏曰：“好学者日新而不失。”

子夏曰：“博学而笃志，切问而近思，仁在其中矣。”四者皆学问思辨之事耳，未及乎力行而为仁也。然从事于此，则心不外驰，而所存自熟，故曰仁在其中矣。程子曰：“博学而笃志，切问而近思，何以言仁在其中矣？学者要思得之。了此，便是彻上彻下之道。”又曰：“学不博则不能守约，志不笃则不能力行。切问近思在己者，则仁在其中矣。”又曰：“近思者以类而推。”苏氏曰：“博学而志不笃，则大而无成；泛问远思，则劳而无功。”

子夏曰：“百工居肆以成其事，君子学以致其道。”肆，谓官府造作之处。致，极也。工不居肆，则迁于异物而业不精。君子不学，则夺于外诱而志不笃。尹氏曰：“学所以致其道也。百工居肆，必务成其事。君子之于学，可不知所务哉？”愚按：二说相须，其义始备。

子夏曰：“小人之过也必文。”文，去声。文，饰之也。小人惮于改过，而不惮于自欺，故必文以重其过。

子夏曰：“君子有三变：望之俨然，即之也温，听其言也厉。”俨然者，貌之庄。温者，色之和。厉者，辞之确。程子曰：“他人俨然则不温，温则不厉，惟孔子全之。”谢氏曰：“此非有意于变，盖并行而不相悖也，如良玉温润而栗然。”

子夏曰：“君子信而后劳其民，未信则以为厉己也；信而后谏，未信则以为谤己也。”信，谓诚意恻怛而人信之也。厉，犹病也。事上使下，皆必诚意交孚，而后可以有为。

子夏曰：“大德不逾闲，小德出入可也。”大德、小德，犹言大节、小节。闲，阑也，所以止物之出入。言人能先立乎其大者，则小节虽或未尽合理，亦无害也。吴氏曰：“此章之言，不能无弊，学者详之。”

子游曰：“子夏之门人小子，当洒扫、应对、进退，则可矣。抑末也，本之则无。如之何？”洒，色卖反。扫，素报反。子游讥子夏弟子，于威仪容节之间则可矣。然此小学之末耳，推其本，如《大学》正心诚意之事，则无有。子夏闻之曰：“噫！言游过矣！君子之道，孰先传焉？孰后倦焉？譬诸草木，区以别矣。君子之道，焉可诬也？有始有卒者，其惟圣人乎！”别，彼列反。焉，于虔反。倦，如诲人不倦之倦。区，犹类也。言君子之道，非以其末为先而传之，非以其本为后而倦教。但学者所至，自有浅深，如草木之有大小，其类固有别矣。若不量其浅深，不问其生熟，而概以高且远者强而语之，则是诬之而已。君子之道，岂可如此？若夫始终本末一以贯之，则惟圣人为然，岂可责之门人小子乎？程子曰："君子教人有序，先传以小者近者，而后教以大者远者。非先传以近小，而后不教以远大也。"又曰："洒扫、应对，便是形而上者，理无大小故也。故君子只在慎独。"又曰："圣人之道，更无精粗，从洒扫、应对，与精义入神贯通只一理。虽洒扫、应对，只看所以然如何。"又曰："凡物有本末，不可分本末为两段事。洒扫、应对是其然，必有所以然。"又曰："自洒扫、应对上，便可到圣人事。"愚按：程子第一条，说此章文意最为详尽，其后四条，皆以明精粗本末。其分虽殊，而理则一。学者当循序而渐进，不可厌末而求本。盖与第一条之意，实相表里，非谓末即是本，但学其末而本便在此也。

子夏曰："仕而优则学，学而优则仕。"优，有余力也。仕与学，理同而事异，故当其事者，必先有以尽其事，而后可及其余。然仕而学，则所以资其仕者益深；学而仕，则所以验其学者益广。

子游曰："丧致乎哀而止。"致，极其哀，不尚文饰也。杨氏曰："'丧，与其易也宁戚'，不若礼不足而哀有余之意。"愚按："而止"二字，亦微有过于高远而简略细微之弊，学者详之。

子游曰："吾友张也，为难能也，然而未仁。"子张行过高，而少诚实恻怛之意。

曾子曰："堂堂乎张也，难与并为仁矣。"堂堂，容貌之盛。言其务外自高，不可辅而为仁，亦不能有以辅人之仁也。范氏曰："子张外有余而内不足，故门人皆不与其为仁。子曰：'刚毅木讷近仁。'宁外不足而内有余，庶可以为仁矣。"

曾子曰："吾闻诸夫子：人未有自致者也，必也亲丧乎！"致，尽其极也。盖人之真情所不能自已者。尹氏曰："亲丧固所自尽也，于此不用其诚，恶乎用其诚？"

曾子曰："吾闻诸夫子：孟庄子之孝也，其他可能也；其不改父之臣与父之政，是难能也。"孟庄子，鲁大夫，名速。其父献子，名蔑。献子有贤德，而庄子能用其臣，守其政。故其他孝行虽有可称，而皆不若此事之为难。

孟氏使阳肤为士师，问于曾子。曾子曰："上失其道，民散久矣。如得其情，则哀矜而勿喜。"阳肤，曾子弟子。民散，谓情义乖离，不相维系。谢氏曰："民之散也，以使之无道，教之无素。故其犯法也，非迫于不得已，则陷于不知也。故得其情，则哀矜而勿喜。"

子贡曰："纣之不善，不如是之甚也。是以君子恶居下流，天下之恶皆归焉。"恶居之恶，去声。下流，地形卑下之处，众流之所归。喻人身有污贱之实，亦恶名之所聚也。子贡言此，欲人常自警省，不可一置其身于不善之地。非谓纣本无罪，而虚被恶名也。

子贡曰："君子之过也，如日月之食焉：过也，人皆见之；更也，人皆仰之。"更，平声。

卫公孙朝问于子贡曰："仲尼焉学？"朝，音潮。焉，于虔反。公孙朝，卫大夫。子贡曰："文、武之道，未坠于地，在人。贤者识其大者，不贤者识其小者，莫不有文、武之道焉。夫子焉不学？而亦何常师之有？"识，音志。下焉字，于虔反。文、武之道，谓文王、武王之谟训功烈与凡周之礼乐文章，皆是也。在人，言人有能记之者。识，记也。

叔孙武叔语大夫于朝，曰："子贡贤于仲尼。"语，去声。朝，音潮。武叔，鲁大夫，名州仇。子服景伯以告子贡。子贡曰："譬之宫墙，赐之墙也及肩，窥见室家之好。墙卑室浅。夫子之墙数仞，不得其门而入，不见宗庙之美，百官之富。七尺曰仞。不入其门，则不见其中之所有，言墙高而宫广也。得其门者或寡矣。夫子之云，不亦宜乎！"此夫子，指武叔。

叔孙武叔毁仲尼。子贡曰："无以为也，仲尼不可毁也。他人之贤者，丘陵也，犹可逾也；仲尼，日月也，无得而逾焉。人虽欲自绝，其何伤于日月乎？多见其不知量也！"量，去声。无以为，犹言无用为此。土高曰丘，大阜曰陵。日月，喻其至高。自绝，谓以谤毁自绝于孔子。多，与祇同，适也。不知量，谓不自知其分量。

陈子禽谓子贡曰："子为恭也，仲尼岂贤于子乎？"为恭，谓为恭敬推逊其师也。子贡曰："君子一言以为知，一言以为不知，言不可不慎也。知，去声。责子禽不谨言。夫子之不可及也，犹天之不可阶而升也。阶，梯也。大可为也，化不可为也，故曰不可阶而升。夫子之得邦家者，所谓立之斯立，道之斯行，绥之斯来，动之斯和。其生也荣，其死也哀，如之何其可及也。"道，去声。立之，谓植其生也。道，引也，谓教之也。行，从也。绥，安也。来，归附也。动，谓鼓舞之也。和，所谓于变时雍。言其感应之妙，神速如此。荣，谓莫不尊亲。哀，则如丧考妣。程子曰："此圣人之神化，上下与天地同流者也。"谢氏曰："观子贡称圣人语，乃知晚年进德，盖极于高远也。夫子之得邦家者，其鼓舞群动，捷于桴鼓影响。人虽见其变化，而莫窥其所以变化也。盖不离于圣，而有不可知者存焉，此殆难以思勉及也。"

尧曰第二十

凡三章。

尧曰："咨！尔舜！天之历数在尔躬，允执其中。四海困穷，天禄永终。"此尧命舜，而禅以帝位之辞。咨，嗟叹声。历数，帝王相继之次第，犹岁时气节之先后也。允，信也。中者，无过不及之名。四海之人困穷，则君禄亦永绝矣，戒之也。舜亦以命禹。舜后逊位于禹，亦以此辞命之。今见于《虞书·大禹谟》，比此加详。曰："予小子履，敢用玄牡，敢昭告于皇皇后帝：有罪不敢赦。帝臣不蔽，简在帝心。朕躬有罪，无以万方；万方有罪，罪在朕躬。"此引《商书·汤诰》之辞。盖汤既放桀而告诸侯也。与《书》文大同小异。曰上当有汤字。履，盖汤名。用玄牡，夏尚黑，未变其礼也。简，阅也。言桀有罪，己不敢赦。而天下贤人，皆上帝之臣，己不敢蔽。简在帝心，惟帝所命。此述其初请命而伐桀之辞也。又言君有罪，非民所致，民有罪，实君所为，见其厚于责己、薄于责人之意。此其告诸侯之辞也。周有大赉，善人是富。赉，来代反。此以下述武王事。赉，予也。武王克商，大赉于四海。见《周书·武成》篇。此言其所富者，皆善人也。《诗序》云"赉，所以锡予善人"，盖本于此。"虽有周亲，不如仁人。百姓有过，在予一人。"此《周书·太誓》之辞。孔氏曰："周，至也。言纣至亲虽多，不如周家之多仁人。"谨权量，审法度，修废官，四方之政行焉。权，称锤也。量，斗斛也。法度，礼乐制度皆是也。兴灭国，继绝世，举逸民，天下之民归心焉。兴灭继绝，谓封黄帝、尧、舜、夏、商之后。举逸民，谓释箕子之囚，复商容之位。三者皆人心之所欲也。所重：民、食、丧、祭。《武成》曰："重民五教，惟食丧祭。"宽则得众，信则民任焉，敏则有功，公则说。说，音悦。此于武王之事无所见，恐或泛言帝王之道也。杨氏曰："《论语》之书，皆圣人微言，而其徒传守之，以明斯道者也。故于终篇，具载尧舜咨命之言，汤、武誓师之意，与夫施诸政事者，以明圣学之所传者，一于是而已，所以著明二十篇之大旨也。《孟子》于终篇，亦历叙尧、舜、汤、文、孔子相承之次，皆此意也。"

子张问于孔子曰："何如斯可以从政矣？"子曰："尊五美，屏四恶，斯可以从政矣。"子张曰："何谓五美？"子曰："君子惠而不费，劳而不怨，欲而不贪，泰而不骄，威而不猛。"费，芳味反。子张曰："何谓惠而不费?”子曰:“因民之所利而利之,斯不亦惠而不费乎?择可劳而劳之,又谁怨?欲仁而得仁,又焉贪?君子无众寡,无小大,无敢慢,斯不亦泰而不骄乎?君子正其衣冠,尊其瞻视,俨然人望而畏之,斯不亦威而不猛乎?”焉,于虔反。子张曰:“何谓四恶?”子曰:“不教而杀谓之虐;不戒视成谓之暴;慢令致期谓之贼;犹之与人也,出纳之吝,谓之有司。”出,去声。虐,谓残酷不仁。暴,谓卒遽无渐。致期,刻期也。贼者,切害之意。缓于前而急于后,以误其民,而必刑之,是贼害之也。犹之,犹言均之也。均之以物与人,而于其出纳之际,乃或吝而不果。则是有司之事,而非为政之体。所与虽多,人亦不怀其惠矣。项羽使人,有功当封,刻印刓,忍弗能予,卒以取败,亦其验也。尹氏曰:“告问政者多矣,未有如此之备者也。故记之以继帝王之治,则夫子之为政可知也。”

子曰:“不知命,无以为君子也。程子曰:“知命者,知有命而信之也。人不知命,则见害必避,见利必趋,何以为君子?”不知礼,无以立也。不知礼,则耳目无所加,手足无所措。不知言,无以知人也。”言之得失,可以知人之邪正。尹氏曰:“知斯三者,则君子之事备矣。弟子记此以终篇,得无意乎?学者少而读之,老而不知一言为可用,不几于侮圣言者乎?夫子之罪人也,可不念哉?”

后　记

四川大学国际儒学研究院系2009年10月由国际儒学联合会、中国孔子基金会与四川大学联合成立的学术研究和人才培养机构。研究院成立以来，在从事中国孔子基金会重大项目《儒藏》编纂的同时，也十分重视儒学学科建设问题，2010年，曾推动国家社科规划办公室，将“儒学学科建设研究”列为重大招标项目。嗣后，舒大刚、彭华、吴龙灿等学人曾就此撰文讨论，逐渐引起学人关注。

2016年，研究院接受国际儒学联合会委托，从事“中国儒学试用教材”的编撰研究。同年4月15日，由四川大学舒大刚主持，邀约多位专家学者在贵阳孔学堂举行学术座谈会，围绕“儒学学科建设与体系重构”话题展开讲会。贵州大学教授、中国文化书院荣誉院长张新民，北京大学教授、对外汉语教育学院原院长张英，贵州民族大学文学院教授汪文学，以及贵州省社会科学院（周之翔）、贵州大学（张明）、贵州民族大学（杨锋兵）、贵阳学院（陆永胜）、北京外国语大学（褚丽娟）等单位的学者出席讲会。大家认为，儒学没有体制性的资源保障，也缺乏平台发挥其教化功能；要实现中华传统文化伟大复兴，重建儒学学科至关重要。

本年6月13日，四川大学复性书院又举办了“中国儒学学科建设暨儒学教材编纂”座谈会，湖南大学岳麓书院教授、国学研究院院长朱汉民，陕西师范大学教授、陕西省中国哲学史学会会长刘学智，山东师范大学教授、《孔子研究》主编王钧林，山东大学教授、儒学高等研究院副院长颜炳罡，台湾元智大学教授、四川大学特聘教授詹海云，以及四川大学国际儒学研究院全体师生和来自成都、重庆等地高校、科研院所的学者共50余人参加了座谈会。座谈会审议了舒大刚教授提交的“中国儒学学科建设方案暨儒学教材编纂计划”，达成重建儒学学科、编纂儒学教材的共识，并发布了《设置和建设儒学学科倡议书》。此后，我们还开过多次座谈会，并把儒学学科建设纳入国际儒学联合会在四川大学设立的纳通国际儒学奖的“儒学征文”活动，广泛征集意见建议和教材书稿。

2017 年 9 月 16 日，中国儒学教材编纂座谈会在北京中国国学中心举行。国际儒联副会长赵毅武，国际儒联副理事长、中国国学中心副主任李文亮，教材编纂发起人刘学智、朱汉民、舒大刚，以及教材编纂部分承担者吉林大学教授陈恩林，清华大学教授、国际易学研究会副会长廖名春，北京大学教授、中华孔子学会常务副会长干春松，西北大学教授张茂泽，山东师范大学教授程奇立，四川大学教授、国际儒学研究院副院长杨世文，特邀顾问浙江社科院研究员吴光，中国政法大学教授单纯，四川大学古籍所副所长尹波等参加座谈会。正式形成“中国儒学试用教材”儒学通论（“八通”）、经典研读、专题研究三类体系。确定儒学通论即儒学知识的八种通论，经典研读是儒家经典及“出土文献”读本，专题研究重在展现儒学专题（如政治、军事、经济、哲学等思想）、专人、专书、学术流派（或及地方学术）的发展概貌。

嗣后，分别邀请了干春松（承担《儒学概论》），廖名春（承担《荀子研读》《清华简选读》），李景林（北京师范大学教授、中华孔子学会副会长，承担《孟子研读》），陈恩林［承担《周易研究》（因陈讲授《周易研究》录音整理稿已入《周易文献学》，《周易研读》改由舒大纲完成）、《春秋三传研读》］，俞荣根（西南政法大学教授，承担《儒家法哲学》），程奇立（承担《礼记研读》），杨朝明（中国孔子研究院原院长、现山东大学教授，承担《孔子家语研读》），颜炳罡（山东大学教授、中华孔子学会副会长，承担《儒学与现代》），刘学智（承担《关学概论》），张茂泽（承担《儒学思想》），朱汉民（承担《湘学概论》），肖永明（湖南大学岳麓书院教授、院长，承担《论语研读》），蔡方鹿（四川师范大学首席教授、四川省中国哲学史研究会名誉会长，承担《宋明理学专题研究》），舒大刚（承担《周易研读》《孝经研读》《蜀学概论》），杨世文（承担《儒史文献》），郭沂（韩国首尔大学终身教授，承担《孔子集语研读》《子曰辑校研读》），彭华（四川大学教授，承担《出土儒学文献研读》）等先生承担编撰任务，由舒大刚、朱汉民总其成。

收到“儒学通论”“经典研读”和“专题研究”三个系列的书稿后，我们于 2019 年在全国总工会“中国职工之家”举行审稿会议，中国社会科学院研究员、国际儒学联合会副会长兼学术委员会主任李存山,中国人民大学教授、国际儒学联合会副会长张践,中国政法大学教授、国际儒学联合会副会长单纯,中国社会科学院研究员、中华孔子学会蜀学研究会副会长陈静,国家教育行政学院教授、国际儒学联合会副会长于建福等提供了修改意见。现经几易其稿,差可满足人们对儒学基本知识、基本经典和基本问题的了解和探研。

2021 年,教育部在尼山世界儒学中心成立"联合研究生院",专门培养"中华优秀传统文化(包括儒学)"硕士、博士,迫切需要教材和读物。职是之故,谨以成书交稿先后,陆续出版,以飨读者。其有未备,识者教焉。

"中国儒学试用教材"编委会

2023 年 5 月 1 日

影印同治五年初刻本
《论语正义》卷一

論語正義卷一

寶應劉寶楠學

學而第一 正義曰：釋文及皇邢疏本皆有此題。邢疏云自此至堯曰是魯論語二十篇之名及第次也。當弟子論撰之時，以論語爲此書之大名，學而以下爲當篇之小目。第，順次也。一，數之始也。言此篇於次當一也。案古人以漆書竹簡，約當一篇即爲編列，以韋束之，故孔子讀易韋編三絕。當孔子時，諸弟子撰記言行，各自成篇，不出一人之手，故有一語而前後篇再出也。毛詩序疏引說文第，次也，从竹弟。今本說文脫第字，下云韋束之次弟也，從古字之象。疑弟指韋束之次言，第則指竹簡言。釋名釋書契云：稱題亦有第，因其第次也。後漢安帝紀李賢注：第謂有甲乙之次第。

集解 正義曰：陸德明經典釋文載論語舊題止集解二字，在學而第一之下，自注一本作何晏集解，一本必六朝時人改題，誤以集解爲何晏一人作也。然釋文雖

仍舊題而云何晏集孔安國云云其文兩見則亦爲後世之誤說所惑也

凡十六章 正義曰釋文舊有此題其所據卽集解本今皇邢疏無凡幾章之題者當由所見本已刪之也漢石經則每卷後有此題蓋昔章句家所記之數統計釋文各篇四百九十二章趙岐孟子篇敘曰論語四百八十六章較釋文少六章然釋文先進篇二十三章依集解宜爲二十四章衛靈篇四十九章依集解實爲四十三章又陽貨篇二十四章漢石經作廿六章凡皆所據本異故多寡迥殊今但依釋文以存集解之舊其有離合錯誤各記當篇之下至後世分析移并之故言人人殊旣由臆造則皆略焉又趙岐言章次大小各當其事無所法也明謂論語章次依事類敘無所取法與孟子篇章迥殊而皇疏妄有聯貫邢氏數考異已言其誤後之學者亦有茲失旣非理所可取則皆刪佚不敢更箸其說焉

子曰學而時習之不亦說乎 注 馬曰子者男子之通稱謂孔子也王曰時者學者以時誦習之誦習以時學無廢業所

以爲說懌正義曰曰者皇疏引說文云開口吐舌謂之爲曰邢疏引說文云曰詞也從口乙聲亦象口气出也所引說文各異段氏玉裁校定作從口乙象口氣出也又引孝經釋文云從乙在口上乙象氣人將發語口上有氣故曰字缺上也學者說文云斅覺悟也从教从冂冂尚矇也臼聲學篆文斅省白虎通辟雍篇學之爲言覺也以覺悟所未知也與說文訓同荀子勸學篇君子博學而日參省乎己則知明而行無過矣故不登高山不知天之高也不臨深谿不知地之厚也不聞先王之遺言不知學問之大也又云學惡乎始惡乎終曰其數則始乎誦經終乎讀禮其義則始乎爲士終乎爲聖人眞積力久則入學至乎沒而後止也案王制言樂正崇四術立四教順先王詩書禮樂以造士春秋教以禮樂冬夏教以詩書王大子王子羣后之大子卿大夫元士之適子國之俊選皆造焉是詩書禮樂乃貴賤通習之學學已大成始得出仕所謂先進於禮樂者也春秋時廢選舉之務故學校多廢禮樂崩壞職此之由夫子十五志學及後不仕乃更刪定諸經史記孔子世家言孔子當定公五年已修詩書禮樂卽謂此也刪定之後學業復存凡篇中所言爲學之事皆指夫子所刪定言之矣時習者說文時四時也此謂春夏秋冬

而日中晷刻亦得名時引申之義也皇疏云凡學有三時一是就人身中爲時內則云六年教之數目十年學書計十三年學樂誦詩舞勺十五年成童舞象並是就身中爲時也二就年中爲時王制云春夏學詩樂秋冬學書禮三就日中爲時前身中年中二時而所學並日日修習不暫廢也今云學而時習之者時是日中之時之者詩蓼莪鄭箋云之猶是也此言訓不亦說乎者孟子滕文公上不亦善乎趙岐注不亦者亦也爾雅釋詁說樂也皇本凡說皆作悅說文有說無悅悅是俗體夫子自言發憤忘食樂以忘憂又稱顏回好學雖貧不改其樂皆是說學有然也乎者說文云乎語之餘也廣雅釋詁乎詞也此用爲語助○注子者至說懌○正義曰白虎通號篇子者丈夫之通稱也與此注義同言尊卑皆得稱子故此孔子門人稱師亦曰子也邢疏云書傳直言子曰者皆指孔子以其聖德著聞師範來世不須言其氏人盡知之故也誦習者說文誦諷也諷誦也周官大司樂注倍文曰諷以聲節之曰誦諷誦皆是口習故此注言誦習也但古人爲學有操縵博依雜服與藝諸事此注專以誦習言者亦舉一端以見之也說文習鳥數飛也引申爲凡重習學習之義呂覽審己注習學也下章傳不習乎訓義亦同學不廢業者廢者棄也

說文業大版也所以飾縣鍾鼓捷業如鋸齒簡册亦用竹爲版故亦名業曲禮云請業則起注業謂篇卷也是也說懌者說文新附懌說也注重言以曉人

有朋自遠方來不亦樂乎 注包曰同門曰朋

正義曰宋氏翔鳳樸學齋札記史記世家定公五年魯自大夫以下皆僭離於正道故孔子不仕退而修詩書禮樂弟子彌衆至自遠方莫不受業焉弟子至自遠方即有朋自遠方來也朋即指弟子故白虎通辟雍篇云師弟子之道有三論語曰朋友自遠方來朋友之道也又孟子子濯孺子曰其取友必端矣亦指友爲弟子按宋說是也釋文云有或作友非考白虎通引有朋作朋友疑白虎通本作友朋即釋文所載或本後人乃改作朋友耳隸釋載漢費鳳碑有朋自遠亦作有朋盧氏文弨釋文考證云呂氏春秋貴直篇有人自南方來句法極相似陸氏謂作友非是也自遠方來者廣雅釋詁自從也爾雅釋詁遠遐也淮南兵略訓方者地也禮表記注方四方也爾雅釋詁來至也並常訓學記言學至大成足以化民易俗近者說服而遠者懷之此大學之道然則朋來正是學成之驗不亦樂乎者蒼頡篇樂喜也與說義同易象傳麗澤兌君子以朋友講習兌者說也禮中庸云誠者非自誠已

而已也所以成成物也此文時習是成己朋來是成物但成物亦由成己既以驗己之功修又以得教學相長之益人才造就之多所以樂也孟子以得天下英才而教育之爲樂亦此意○注同門曰朋○正義曰文選古詩十九首注引鄭注此文與包同同門者謂同處一師門也禮學記云古之教者家有塾注古者仕爲而已者歸教於閭里朝夕坐於門門側之堂謂之塾孔疏周禮百里之內二十五家爲閭同共一巷巷首有門門邊有塾當夫子時學校已廢仕焉而已者多不任爲師夫子乃始設教於魯以師道自任開門授業洙泗之間必別有講肄之所而非爲舊時家塾矣

人不知而不慍不亦君子乎 注 慍怒也凡人有所不知君子不怒

正義曰人不知者謂當時君卿大夫不知己學有成舉用之也不慍者鄭注云慍怨也詩緜正義引說文同君子者白虎通號篇或稱君子者道德之稱也君之爲言羣也子者丈夫之通稱也禮哀公問君子也者人之成名也禮中庸記子曰正己而不求於人則無怨上不怨天下不尤人又論語下篇子曰莫我知也夫不怨天不尤人下學而上達知我者其天乎正謂己之爲學上達於天天爲天天所知則非人所能知故無所怨尤也夫子一

生進德脩業之大咸括於此章是故學而不厭時習也知也誨人不倦朋來也仁也遯世不見知而不悔不知不慍也惟聖者能之也夫子生衰周之世知天未欲平治天下故惟守先王之道以待後之學者記者因以其言列諸篇首○注慍怒至不怒○正義曰詩緜傳慍恚也恚怒義同皇疏後一解云君子易事不求備於一人故爲教誨之道若人有鈍根不能知解者君子恕之而不慍怒之也此即注義焦氏循論語補疏注言人有所不知則是人自不知非不知己也我所知而人不知因而慍之矜也後漢儒林傳注引魏略云樂詳字文載黄初中徵拜博士十餘人學多褊又不熟悉惟詳五業並授其或難質不解詳無慍色以杖畫地牽譬引類至忘寢食此亦焦氏就注說證之實則教學之法語之而不知雖舍之亦可無容以不慍即稱君子此注所云不與經旨應也

有子曰注孔子弟子有若**其爲人也孝弟而好犯上者鮮矣**注鮮少也上謂凡在己上者言孝弟之人必恭順好欲犯其上者少也**不好犯上而好作亂者未之有也**正義曰阮氏元論語

解弟子以有子之言似夫子而欲師之惟曾子不可彊其餘皆服之矣故論語次章即列有子之語在曾子之前案曾子不可彊非不服有子也特以尊異孔子不敢以事師之禮用之他人觀曾子但言孔子德不可尚而於有子無微辭則非不服有子可知當時弟子惟有子曾子稱子此必孔子弟子於孔子沒後尊事二子如師故通稱子也至閔子騫冉有各一稱子此亦二子之門人所記而孔子弟子之於二子仍稱字故篇中於閔冉稱字稱子錯出也其爲人者尚書大傳注其發聲也周官典同注爲作也蓋常訓禮運曰人者其天地之德陰陽之交鬼神之會五行之秀氣也又曰人者天地之心也五行之端也食味別聲被色而生者也孝弟者爾雅釋訓善父母爲孝善兄弟爲友此文不言友言弟者友是兄弟相愛此則專指爲人弟者不兼兄言也賈子道術云子愛利親謂之孝反孝爲孽弟敬愛兄謂之悌反悌爲敖悌即弟俗體論語釋文云弟本作悌皇本高麗本亦作悌蓋從俗作也好犯上者皇疏云好謂心欲也爾雅釋詁犯勝也說文犯侵也鮮者鄭注云鮮寡也此本爾雅釋詁說文尠是少也尠正字鮮魚名出貉國段借字時世教衰民知德者鮮故孝弟之人容有犯上故云鮮也作亂者爾雅釋言作爲也左宣十二年傳

人反物爲亂十五年傳民反德爲亂作亂之人由於好犯上好犯上由於不孝不弟故古者教弟子就外舍學小藝焉履小節焉束髮就大學學大藝焉履大節焉皆令知有孝弟之道而父之齒隨行兄之齒鴈行朋友不相踰又令知有事長上處朋友之禮故孝弟之人鮮有犯上若不好犯上而好作亂知爲必無之事故曰未之有也曾子立孝云是故未有君而忠臣可知者孝子之謂也未有長而順下可知者弟弟之謂也未有治而能仕可知者先脩之謂也故曰孝子善事君弟弟善事長君子一孝一弟可謂知終矣是言孝弟之人必爲忠臣順下而不好犯上不好作亂可無疑矣春秋之時學校已廢卿大夫多世官不復知有孝弟之道故事君事長鮮克由禮而亂臣賊子遂至接踵以起也○注孔子弟子有若○正義曰皇本作孔安國注史記仲尼弟子列傳有若少孔子三十三歲論語邢疏及禮檀弓疏引作四十三歲與史記集解引鄭玄云魯人此出鄭氏孔子弟子目錄今佚不傳○注鮮少至少也○正義曰鮮少者說文少不多也上者謂凡在己上者恭邑獨斷上者尊位所存也亦謂位在己上凡者總舉之辭恭順者說文恭肅也釋名釋言語順循也循其理也注以犯上則非恭順故人能孝弟必恭順於上也五光庭纂明

書以犯上爲干犯君上之法令亦此注義所括 君子務本本立而道生孝弟也者其爲仁之本與 注 本基也基立而後可大成先能事父兄然後仁道可大成 正義曰務本者說文務趣也高誘呂氏春秋孝行覽注務猶求也本立而道生者李賢後漢郎顗傳注立猶定也道者人所由行之路事物之理皆人所由行故亦曰道漢書董仲舒傳道者所繇通於治之路也是也爾雅釋詁生出也大戴禮保傅云易曰正其本萬事理說苑建本篇孔子曰君子務本本立而道生夫本不正者末必倚始不盛者終必衰詩云原隰既平泉流既清本立而道生阮氏元論仁篇以本立而道生爲古逸詩愚謂務本二句是古成語而有子引之說苑及後漢延篤傳皆作孔子語者七十子所述皆祖聖論又當時引述各經未檢原文或有錯誤故也中庸言達道五君臣父子夫婦昆弟朋友而父子昆弟尤爲本根之所在若人能孝弟則於君臣夫婦朋友之倫處之必得其宜而可名之爲道故本立而道生也爲仁猶言行仁所謂利仁强仁者也下篇其爲仁矣不使不仁者加乎其身克己復禮爲仁爲仁由己子貢問爲仁堂堂乎張也難與竝爲仁矣

皆是言爲仁又志於仁非仁欲仁用力於仁亦是言爲仁
也仁者何下篇樊遲問仁子曰愛人此仁字本訓說文仁
字從二人會意言己與人相親愛也善於父母善於兄弟
亦由愛敬之心故禮言孝子有深愛又言立愛自親始立
敬自長始敬亦本乎愛也孝弟所以爲爲仁之本者孝經
云夫孝德之本也教之所由生也德兼仁義禮智此不言
德言仁者仁統四德故爲仁尤亟也孟子離婁篇仁之實
事親是也義之實從兄是也又云親親而仁民仁民而愛
物是爲仁必先自孝弟始也孝經云故不愛其親而愛他
人者謂之悖德不敬其親而敬他人者謂之悖禮以順則
逆民無則焉不在於善而皆在於凶德雖得之君子不貴
也觀此則不孝不弟雖有他善終是不仁何者爲其大本
已失其末自不足貴也宋氏翔鳳鄭注輯本爲仁作爲人
云言人有其本性則成功立行也案仁人當出齊古魯異
文鄭就所見本人字解之爲人之本與上文其爲人也物
相應義亦通也鄭注又云孝爲百行之本言孝則弟可知
百行者不一行也呂氏春秋孝行云凡爲天下治國家必
務本而後末又云務本莫貴于孝夫孝三皇五帝之本務
而萬事之紀也夫執一術而百善至百邪去天下從者其
惟孝也失論人必先以所親而後及所疏必先所重而後

及所輕是知孝弟爲爲人之本故君子先務此也孝弟也
者云云是釋務本二句之義與者語助辭○注本基至大
成○正義曰說文本木下曰本从木一在下一在下象其
根注訓基者說文基牆始也始亦本也大成者大猶廣也
訓生爲成此引中之義表記云仁之難成久矣人人失其
所好故仁者之過易辭也又云仁之爲器重其爲道遠舉
者莫能勝也行者莫能致也取數多者仁也夫勉於仁者
不亦難乎是仁道大成最爲難能故惟能先事父兄復擴
充其本性之善衆有衆德然後仁道可冀
大成也皇本以先能事父兄二句爲包注．

子曰巧言令色鮮矣仁注包曰巧言好其言語令色善其顏
色皆欲令人說之少能有仁也正義曰禮表記子曰情欲
信辭欲巧詩雨無正巧言
如流俾躬處休左傳載師曠善諫叔向引巧言如流以美
之又烝民詩令儀令色彼文言巧令皆是美辭此云鮮矣
仁者以巧令多由僞作故下篇言巧言令色足恭左丘明
恥之丘亦恥之又書皋陶謨云何畏乎巧言令色孔壬孔
甚也壬佞也以巧言令色爲甚佞則不仁可知然夫子猶
云鮮仁者不忍重斥之猶若有未絕於仁也曾子立事云

巧言令色能小行而篤難於仁矣與此文義同皇本仁上有有字。注巧言至仁也。正義曰巧好音義相近詩雨無正箋巧猶善也禮表記注巧謂順而說也皆謂好其言語即詩云好言自口也爾雅釋詁令善也書皋陶謨令色史記夏本紀作善色是令有善義說文色顏气也齊語韋昭解顏色目之間引申之凡氣之達於面者皆謂之顏故注以顏色連文云少能有仁似注所見本亦作有仁

曾子曰注馬曰弟子曾參吾日三省吾身爲人謀而不忠乎與朋友交而不信乎傳不習乎注言凡所傳之事得無素不講習而傳之正義曰吾日三省吾身者爾雅釋詁吾我也說文吾我自稱也日行一周天爲一晝夜故一晝夜即名日周髀算經注從旦至旦爲一日也是也說文三數名阮氏元數說古人簡策繁重以口耳相傳者多以目相傳者少且以數記言使百官萬民易誦易記洪範周官尤其最著者也論語以數記文者如一言三省三友三樂三戒三畏三愆三疾三變四教絕四四惡五美六言六蔽九思之類則亦皆口授耳受心記之古法也鄭

注云思察己之所行也此以省訓察本爾雅釋詁說文省視也義亦近爾雅釋詁身我也說文身躳也象人之身釋名釋身體云身伸也可屈伸也爲人謀而不忠者國策魏策注爲助也左襄四年傳咨難爲謀魯語咨事爲謀毛詩四牡傳咨事之難易爲謀用內外傳義也周語忠者文之實也楊倞荀子禮論注忠誠也誠實義同誠心以爲人謀謂之忠故臣之於君有誠心事之亦謂之忠與朋友交而不信乎者禮檀弓注與及也此常訓鄭注云同門曰朋同志曰友同門義見前疏同志者謂兩人不共學而所志同也鄭箋詩關雎注禮坊記並有此訓說文友同志爲友从二又相交友也義與鄭同說文交交脛也从大象交形朋友與己兩人相會合亦得稱交引申之義也皇本交下有言字說文信誠也从人从言會意釋名釋言語信申也言以相申束使不相違也五倫之義朋友主信故曾子以不信自省也傳不習乎者傳謂師有所傳於己也夫子言十室之邑必有忠信而不如丘之好學可見好學最難其於及門中惟稱顏子好學今曾子三省既以忠信自勗又以師之所傳恐有不習則其好學可知曾子立事篇曰旦就業夕而自省思以殁其身亦可謂守業矣又云君子既學之患其不博也既博之患其不習也既習之患其不知也既

知之忠其不行也此正曾子以傳不習自省之證習兼知行故論語祇言習也鄭注云魯讀傳爲專今從古臧氏庸輯鄭注釋云此傳字從專得聲魯論故省用作專鄭以古論作傳于義益明故從之如臧此言是專與傳同謂師之所傳而字作專者所謂叚借爲之也宋氏翔鳳論語發微孔子爲曾子傳孝道而有孝經孝經說曰春秋屬商孝經屬參則曾子以孝經專門名其家故魯論讀傳爲專所業既專而習之又久師資之法無絕先王之道不湮曾氏之言即孔子傳習之旨也包氏愼言論語溫故錄專謂所專之業也呂氏春秋曰古之學者說義必稱師說義不稱師命之曰叛所專之業不習則叛棄師說與叛同科故曾子以此自省後漢書儒林傳其耆名高義開門受徒者編牒不下萬人皆專相傳祖莫或訛雜揚雄所謂譊譊之學各習其師此卽魯論義也案宋包二君義同廣雅釋詁專業也亦謂所專之業此魯論文既不著義亦難曉故既取鄭說兼發宋包非敢定於一是也。注弟子曾參。正義曰元和姓纂夏少康封少子曲烈于鄫春秋時爲莒所滅鄫太子巫仕魯去邑爲曾氏見世本巫生阜阜生皙皙卽曾點曾子父也史記弟子傳曾子名參字子輿南武城人少孔子四十六歲。注言凡所傳之事得無素不講習而傳

之。正義曰得無者疑辭郭氏翼雪履齋筆記曾子三省皆指施於人者言傳亦我傳乎人傳而不習則是以未嘗躬試之事而誤後學其害尤甚於不忠不信也焦氏循論語補疏己所素習用以傳人方不妄傳致誤學者所謂溫故而知新可以爲師也

二說皆從集解亦通

子曰道千乘之國注馬曰道謂爲之政教司馬法六尺爲步步百爲畝畝百爲夫夫三爲屋屋三爲井井十爲通通十爲成成出革車一乘然則千乘之賦其地千成居地方三百一十六里有畸唯公侯之封乃能容之雖大國之賦亦不是過焉包曰道治也千乘之國者百里之國也古者井田方里爲井十井爲乘百里之國適千乘也融依周禮包依王制孟子義疑故兩存焉　正義曰道皇本作導千者數名說文千十百也乘本作椉

說文云乘覆也從入桀覆者加乎其上之名故人所登車亦謂之乘三蒼云乘載也左隱元年傳杜注車曰乘車駕馬多用四故儀禮聘禮注云乘四馬也趙岐孟子梁惠王篇注千乘兵車千乘謂諸侯也國者說文云國邦也周官太宰鄭注大曰邦小曰國此對文有異若散文亦通稱○注馬曰至存焉○正義曰說文云政正也从攴从正正亦聲敎上所施下所效也政敎卽敬信諸端注言此者明敬事云云卽所以道國也道本道路之名人所循行此政敎亦是示人以必行故得曰道包云治者謂治之以政敎義與馬不異也鄭此注云司馬法云步百爲畝畝百爲夫夫三爲屋屋三爲井井十爲通通十爲成成方十里出革車一乘甲士三人步卒七十二人公侯之封乃能容之雖大國之賦亦不是過焉鄭此注與馬同又公羊哀十年傳疏引云公侯方百里井十則賦出革車一乘亦此注文井十當作井百邢疏云史記齊景公時有司馬田穰苴善用兵周禮司馬掌征伐六國時齊威王使大夫追論古者兵法附穰苴於其中凡一百五十篇號曰司馬法此六尺曰步至成出革車一乘皆彼文也引之者以證千乘之國爲公侯之大國也皇疏云凡人一舉足爲跬跬三尺也兩舉足曰步步六尺也廣一步長百步爲一畝畝百爲夫是方百

步也謂爲夫者古者賦田以百畝地給一農夫也夫三爲屋則是方百里者三也並而言之則廣一里一里三百步也而猶長百步也謂爲屋者一家有夫婦子三者具則屋道乃成故合三夫目爲屋也屋三爲井三屋並方之則方一里也名爲井者因夫間有遂水縱橫相通成井字也井十爲通十井之地並之則廣十里長一里也謂爲通者其地有三十屋相通共出甲士一人徒卒二人也通十爲成則方十里也謂爲成者共賦法一乘成也其地有三百屋出革車一乘甲士十人徒卒二十人也方十里者千即是千成則容千乘也方百里者有方十里者百若方三百里三三爲九則有方百里者九合成方十里者九百也是方三百里唯有九百乘也若作千乘猶少百乘是方百里者一也今取方百里者一爲六分破之每分得廣十六里長百里引而接之則長六百里其廣十六里也今半斷各長三百里設法特埤前三百里南西二邊是方三百十六里也然西南角猶缺方十六里者一方十六里者一有方十里者二又方一里者五十六是少方一里者二百五十六也然則向割方百里者爲六分埤方三百里兩邊猶餘方一里者四百今以方一里者二百五十六埤西南角猶餘方一里者一百四十四又設法破而埤三百十六里兩邊

則每邊不復得半里故云方三百十六里有奇也邢疏申馬說云案周禮大司徒云諸公之地封疆方五百里諸侯之地封疆方四百里諸伯之地封疆方三百里諸子之地封疆方二百里諸男之地封疆方百里此千乘之國居地方三百十六里有畸伯子男自方三百而下則莫能容之故云唯公侯之封乃能容之坊記云制國不過千乘然則地雖廣大以千乘爲限故云雖大國之賦亦不是過焉又申包說云云千乘之國百里之國也者謂夏之公侯殷周上公之國也云古者井田方里爲井者孟子云方里而井井九百畝是也云十井爲乘百里之國適千乘也者此包以古之大國不過百里以百里賦千乘故計之每十井爲一乘是方一里者十爲一乘則方一里者百爲十乘開方之法方百里者一爲方十里者百每方十里者一爲方一里者百其賦十乘方十里者百則其賦千乘也與乘數適相當故云適千乘也云融依周禮包依王制孟子者馬融依周禮大司徒文以爲諸公之地方五百里侯四百里以下也包氏依王制云凡四海之內九州州方千里州建百里之國三十七十里之國六十五十里之國百有二十凡二百一十國也又孟子云天子之制地方千里公侯之制皆方百里伯七十里子男五十里包氏據此以爲大國不

過百里不信周禮有方五百里四百里之封也案注包馬異說皇邢疏如文釋之無所折衷後人解此乃多轇轕從馬氏則以千乘非百里所容從包氏則以周禮爲不可信紛紛詰難未定一是近人金氏鶚求古錄說此最明最詳故備錄之其說云孟子言天子千里大國百里次國七十里小國五十里又言萬乘之國千乘之家千乘之國百乘之家萬取千焉千取百焉是千里出車萬乘百里出車千乘十里出車百乘也子產言天子一圻列國一同圻方千里同方百里亦如孟子之說以開方之法計之方一里而井百里之國計有萬井萬井而出車千乘則十井出一乘矣若馬氏說百井出一乘則百里之國止有百乘必三百一十六里有奇乃有千乘與孟子不合包氏合於孟子是包氏爲可據矣哀十二年公羊傳注言軍賦十井不過一乘此一證也馬氏之說則據司馬法鄭注小司徒亦引司馬法云井十爲通通三十家爲匹馬士一人徒二人通十爲成成百井三百家出革車一乘士十人徒二十人十成爲終終千井三千家革車十乘士百人徒二百八十終爲同同方百里萬井三萬家革車百乘士千人徒二千人賈疏通九十夫之地宫室塗巷三分去一又不易一易再易通率三夫受六夫之地是三十家也案司馬法一書未必眞

周公之制所言與孟子子產皆不合信司馬法何如信孟子耶坊記云制國不過千乘家富不過百乘今謂大夫百乘地方百里等于大國諸侯必不然矣或謂司馬法車乘有兩法一云兵車一乘士十人徒二十人一云兵車一乘甲士三人步卒七十二人賈公彥以士十人徒二十人爲天子畿內采地法以甲士三人步卒七十二人爲畿外邦國法此言千乘之國是畿外邦國也一乘車士卒共七十五人又有炊家子十人固守衣裝五人廄養五人樵汲五人共一百人馬牛芻茭具備此豈八十家所能給哉不知天子六軍出于六鄉大國三軍出于三鄉蓋家出一人爲兵也又三遂亦有三軍三鄉爲正卒三遂爲副卒鄉遂出軍而不出車都鄙出車而不出兵孔仲達成元年丘甲疏云古者天子用兵先用六鄉六鄉不足取六遂六遂不足取都鄙及諸侯若諸侯出兵先盡三鄉三遂鄉遂不足然後徧徵境內賈公彥小司徒疏亦云大國三軍次國二軍小國一軍皆出于鄉遂猶不止徧境出之是爲千乘之賦然則都鄙固不出兵也江慎修云七十五人者丘乘之本法三十人者調發之通制魯頌公車千乘公徒三萬正與司馬法合此說得之然則都鄙卽至出兵而調發之數惟用三十人豈八十家所不能給哉至於丘乘之法八十家

而其七十五人無過家一人耳此但備而不用惟蒐田講武乃行又何不給之有農隙講武正當人人訓練家出一人不爲厲民也若夫車馬之費亦自不多古者材木取之公家山林而無禁則造車不難馬牛畜之民間可給民用不過暫出以供蒐田之用耳務茭則九野人所易得者也且以八十家而出一車四馬又何患其不給乎或又謂百里之國山川林麓城郭宮室涂巷園囿三分去一三鄉三遂又不出車又不易一易再易通率三夫受六夫之地則三百乘且不足安得有千乘乎不知百里之國以出稅之田言非以封域言也孟子言頒祿正是言田其曰地方百里者地與田通稱故井地即井田也百里以田言則山川林麓以及涂巷園囿等固已除去矣頒祿必均若不去山川山川天下不同則祿不均矣苟境內山川甚多而封域止百里田穀所出安足以給用乎故知大國百里其封疆必不止此周禮所以有五百里四百里之說蓋象山川附庸而不言也孟子則專言穀土耳城郭宮室涂巷等雖有定數然亦非穀土則亦不在百里之內也先儒三分去一之說亦未必然孟子言方里而井百里七十里五十里皆以非計數方里不必其形正方以方田之法算之有九百畝則曰方里地方百里等方字皆如是也然則百里之國不

謂封疆其界亦非廣長之里矣孟子言一夫百畝而周禮有不易百畝一易二百畝再易三百畝之說蓋孟子言其略周禮則詳言之也分田必均周禮以三等均之其說至當左傳井衍沃牧隰皋鄭氏謂隰皋九夫爲牧二牧而當一井是也是則一井不必九百畝百里之國亦不必九百萬畝以通率二井當一井當有一千八百萬畝矣孟子但舉不易之田故曰一夫百畝大國百里也鄉遂之民皆受田則亦有車乘但其作之之財受于官府故曰不出車非無車也夫如是百里之國豈不足於千乘哉包氏之說可無疑矣

敬事而信 注 包曰爲國者舉事必敬慎與民必誠信 **節用而愛人** 注 包曰節用不奢侈國以民爲本故愛養之 **使民以時** 注 包曰作使民必以其時不妨奪農務

正義曰事謂政事用謂財用也愛說文作愛行貌則一義本字作㤅惠也從心旡聲今經典皆叚愛爲㤅使者令也教也民者說文民衆氓也從古文之象書多士序鄭注民無知之稱呂刑注及詩靈臺序注並云民者冥也冥亦無知之義宋石經避諱敬作欽後放此○注爲國者舉事必敬慎與民必誠

信。正義曰：說文：「敬，肅也。從攴苟。」釋名釋言語：「敬，警也，恒自肅警也。」此注言「敬慎」者，慎亦肅警意也。下篇「執事敬」、「事思敬」，訓亟同。荀子議兵篇：「慮必先事，而申之以敬。慎終如始，終始如一，夫是之謂大吉。凡百事之成也，必在敬之；其敗也，必在慢之。」「與民必誠信」者，誠者，實也。言舉事必誠信也。事是政令，政令所以致民，故注以與民言之。晉語：箕鄭曰：「信於君心，則美惡不踰；信於民，則上下不干；信於令，則時無廢功；信於事，則民從事有業。」○注「節用」至「養之」。○正義曰：說文云：「節，竹約也。」引申爲節儉之義。賈子道術云：「費弗過適謂之節。」易彖傳：「節以制度，不傷財，不害民。」是人君不知節用，必致傷財，且害民也。奢侈者，奢，張也；侈，泆也。大戴禮子張問入官云：「奢侈者，財之所以不足也。」管子八觀篇：「國侈則用費，用費則民貧，民貧則姦智生，姦智生則邪巧作。故姦邪之所生，生於匱不足；匱不足之所生，生於侈；侈之所以生，生於無度。故曰：審度量，節衣服，儉財用，禁侈泰，爲國之急也。」「國以民爲本」者，注以愛人人指民言，避下「使民」句「民」字，故言「人」耳。穀梁桓四年傳：「民者，君之本也。」君主乎國，故國以民爲本。愛養者，養謂制民之產，有以養民，乃爲愛也。說苑政理篇：「武王問於太公曰：『治國之道若何？』太公對曰：『治國之道，愛民而已。』曰：『愛民若何？』曰：『利之而勿害，成

之勿敗生之勿殺與之勿奪樂之勿苦喜之勿怒此治國之道使民之誼也民失其所務則害之也農失其時則敗之也有罪者重其罰則殺之也重賦斂者則奪之也多徭役以罷民力則苦之也勞而擾之則怒之也是皆言治國者當愛民也劉氏逢祿論語述何篇解此文云人謂大臣羣臣易訟二爻邑人三百戶舉大數謂天子上大夫受地視侯也此以下文言民則人非民故解爲大臣羣臣於義亦通○注作使至農務○正義曰作如動作之作邢疏云作使民必以其時者謂築都邑城郭也春秋莊二十九年左氏傳曰凡土功龍見而畢務戒事也注云謂今九月周十一月龍星角亢晨見東方三務始畢戒民以土功事火見而致用注云大火心星次角亢見者致築作之物水昏正而栽注云謂今十月定星昏而中於是樹板幹而興作日至而畢注云日南至微陽始動故土功息若其門戶道橋城郭牆塹有所損壞則特隨壞時修之故僖二十年左傳曰凡啟塞從時是也案邢疏謂損壞隨時修之是動小工不必須農隙也左隱五年傳言治兵振旅蒐苗獮狩皆于農隙以講事謂講武事此使民之大者春秋時兵爭之禍亟日事徵調多違農時尤治國所宜戒也

子曰弟子入則孝出則弟謹而信汎愛眾而親仁行有餘力則以學文【注】馬曰文者古之遺文

正義曰弟子者對兄父之稱謂人幼少爲弟爲子時也儀禮特牲饋食禮注弟子後生也大射儀注弟子其少者也入則孝出則弟者禮內則云異爲孺子室於宮中是父子異宮則入謂由所居宮至父母所也內則又云十年出就外傅居宿於外大戴禮保傅云古者年八歲而出就外舍學小藝焉履小節焉束髮而就大學學大藝焉履大節焉是出謂就傅居小學大學時也弟者言事諸兄師長皆弟順也教弟子先以孝弟者孟子言孩提之童無不知愛其親及其長也無不知敬其兄是孝弟本人所自具因弟子天性未漓而教導之曲禮內則少儀弟職所述皆其法也諸言則者急辭也謹而信者詩民勞箋謹猶慎也謹於事見信於言見也汎愛眾而親仁者說文汎浮貌引申爲普遍之義廣雅釋言汎博也左襄二十八年傳引此文作氾愛說文氾濫也義亦通爾雅釋詁眾多也周語人三爲眾引申之人在眾中無以表異於人亦得稱眾仁則眾中之賢者也廣雅釋詁親近也君子尊賢而容眾故於眾人使弟子汎愛之所以養治其血氣而導以善厚

之教又使之親近仁者令有所觀感也大戴禮保傅云故孩提三公三少固明孝仁禮義以導習之也逐去邪人不使見惡行於是比選天下端士閑博有道術者以輔翼之使之與太子居處出入故太子乃目見正事聞正言行正道左視右視前後皆正人夫習與正人居不能不正也猶生長於楚不能不楚言也亦言教太子當孩提時宜近正人即此教弟子親仁之意也行有餘力則以學文者皇疏云行者所以行事已畢之迹也說文餘饒也凌氏鳴喈論語解義有餘力謂僮子精力有餘也曲禮云人生十年曰幼學內則云十年學書計朝夕學幼儀請肄簡諒十有三年學樂誦詩舞勺成童舞象是古教幼學之法此言行有餘力則以學文亦是學幼儀既畢仍令學文也言有餘力學文則無餘力不得學文可知先之以孝弟諸行而學文後之者文有理趣非童子所知若教成人則百行皆所當謹非教術所能徧及故惟冀其博文以求自得之而已此夫子四教先文後行與此言教弟子法異也○注文者古之遺文○正義曰凡文皆古人所遺故言遺文馬以弟子所學別有一書如弟子職之類後或失傳故祗言古之遺文而已鄭注云文道藝也周官保氏養國子以道乃教之六藝一曰五禮二曰六樂三曰五射四曰五馭五曰六書

六曰九數是藝爲六藝也藝所以載道
故注道藝連文其義與馬氏並通也
子夏曰賢賢易色注孔曰子夏弟子卜商也言以好色之心
好賢則善事父母能竭其力事君能致其身注孔曰盡忠
節不愛其身與朋友交言而有信雖曰未學吾必謂之學
矣正義曰周官太宰鄭注云賢有善行也賢賢者謂於人
之賢者賢之猶言親親長長也宋氏翔鳳樸學齋札記
三代之學皆明人倫賢賢易色明夫婦之倫也毛詩序云
周南召南正始之道王化之基是以關雎樂得淑女以配
君子憂在進賢不淫其色哀窈窕思賢才而無傷善之心
焉是關雎之義也此賢賢易色指夫婦之切證陳氏祖范
經說管氏同四書紀聞略同今案夫婦爲人倫之始故此
文敘於事父母事君之前漢書李尋傳引此文顏師古注
易色輕略於色不貴之也公羊文十二年傳俾君子易怠
何休注易怠猶輕惰也是易有輕略之義又廣雅釋言易
如也王氏念孫疏證引之云論語賢賢易色易者如也猶
言好德如好色也此訓亦通事父母能竭其力者曲禮記

生曰父曰母說文父矩也家長率教者从又舉杖母牧也从女象褱子形一曰象乳子也說文又云竭負舉也負舉者必盡力故竭又訓盡此文義得兼之曾子本孝云庶人之孝也以力惡食盧辯注分地任力致甘美又曾子大孝云小孝用力慈愛忘勞可謂用力矣孔氏廣森補注庶人之孝孟子萬章篇言舜事云我竭力耕田供爲子職而已矣是竭力爲庶人孝養之事也事君能致其身者儀禮喪服傳君至尊也鄭注天子諸侯及卿大夫有地者皆曰君說文致送詣也詩四牡云四牡騑騑周道倭遲豈不懷歸王事靡盬我心傷悲毛傳云思歸者私恩也靡盬者公義也傷悲者情思也無私恩非孝子也無公義非忠臣也君子不以私害公不以家事辭王事是言事君不得私愛其身稽留君事也雖曰未學者廣雅釋詁雖詞也當時多世卿廢選舉之務雖不學亦得出仕故有未學已事君也吾必謂之學者廣雅釋詁謂說也子夏以此人所行於人倫大端無所違失與已學無異故云必謂之學必謂者深信之辭春秋繁露玉杯篇禮之所重者在其志志敬而節具則君子予之知禮志和而音雅則君子予之知樂志哀而居約則君子予之知喪董子所言正與此文義同○注子夏至則善○正義曰史記弟子列傳卜商字子夏少孔子

四十四歲集解引鄭說溫國卜商溫是衛邑稱國者或本爲國從其初名之也家語弟子解以爲衛人與鄭目錄合孔穎達檀弓疏則云魏人又唐贈魏侯宋封魏公據史記及呂氏春秋舉難察賢篇並言子夏爲魏文侯師是子夏附嘗居魏魏衛同音故誤以爲魏人耳言此好色之心好賢者此以易爲更易義涉迂曲今所不從

子曰君子不重則不威學則不固注孔曰固蔽也一曰言人不能敦重既無威嚴又不能堅固識其義理正義曰稱君子者言凡已仕未仕有君師之責者也不重者法言修身篇或問何如斯謂之人曰取四重去四輕曰何謂四重曰重言重行重貌重好言重則有法行重則有德貌重則有威好重則有觀是言君子貴重也禮玉藻云足容重手容恭目容端口容止聲容靜頭容直氣容肅立容德色容莊並言人當重慎之事則不威者言無威儀也左傳劉康公曰民受天地之中以生所謂命也是以有動作禮義威儀之則以定命也是故君子勤禮勤禮莫如致敬衛北宮文子曰有威而可畏謂之威有儀而可象謂之儀君有君之威儀其臣畏而愛之則而象之故能有其國家令聞長世臣有臣之威

儀其下畏而愛之故能守其官職保族宜家順是以下皆如是是以上下能相固也又云故君子在位可畏施舍可愛進退可度周旋可則容止可觀作事可法德行可象聲氣可樂動作有文言語有章以臨其下謂之有威儀也又下篇子張曰君子正其衣冠尊其瞻視儼然人望而畏之斯不亦威而不猛乎並言君子有威儀之事不威由於不重故言行輕薄之士必不能遠暴慢鄙倍雖厲聲色恭刑罰人莫畏之矣。注孔曰至義理。正義曰鄭注曲禮云固謂不達於理也注祭義云固猶質陋也皆蔽塞之義下篇夫子告子路曰好仁不好學其蔽也愚好知不好學其蔽也蕩好信不好學其蔽也賊好直不好學其蔽也絞好勇不好學其蔽也亂好剛不好學其蔽也狂是言不學之蔽而可知人之成德達材必皆由學矣中論治學篇民之初載其矇未知譬如寶在於玄室有所求而不見白日照焉則群物斯辨矣學者心之白日也是其義也一日以下此集解別存一義非仍前所注之人下皆放此說文重厚也敦亦訓厚故注以敦重連文詩天保傳固堅也亦常訓此以不重不威之人雖知所學不能堅固無由深造之以道而識其義理也所以然者以此人學若堅固必能篤行其容貌顏色辭氣必不至輕惰若此矣今不能敦

重無威嚴故知其學不能**主忠信無友不如己者過則勿**堅固也義與前異亦略通正義曰釋文云毋音無本亦**憚改**【注】鄭曰主親也憚難也作無宋刊九經本亦作毋說文毋止之詞也森止也無即森隸省儀禮士昏禮公食大夫禮注並云古文毋為無然則毋無亦今古文異廣雅釋言如均也己即我之別稱說文己承戊象人腹是己本象人形故人得自稱己曾子制言中吾不仁其人雖獨也吾弗親也故周公曰不如我者吾不與處損我者也與吾等者吾不與處無益我者也吾所與處者必賢于我由曾子及周公言觀之則不如己者即不仁之人夫子不欲深斥故祇言不如己而已呂氏春秋驕恣篇引仲虺曰能自為取師者王能自取友者存其所擇而莫如己者亡羣書治要引中論曰君子不友不如己者非羞彼而大我也不如己者須己慎者也然則扶人不暇將誰相我哉吾之憤也亦無日矣又韓詩外傳南假子曰夫高比所以廣德也下比所以狹行也比於善者自進之階比於惡者自退之原也諸文並足發明此言之旨過則勿憚改者周官調人注過無本意也詩東山箋勿無也說文改更也並常訓言人行事有非意之過即當改之不可畏難復依前行之也曾

子立事篇太上不生惡其次而能夙絕之其下復而能改又下篇子曰過而不改是謂過矣皆言人有過當速改也皇疏載一說云若結友過誤不得善人則改易之莫難之也故李充云若友失其人改之爲貴也案高誘注呂氏春秋驕恣篇引無友不如己者過則勿憚改以證所擇而莫如己者亡之義亦以過爲結友過誤或漢人有此義故李充云然然既知誤交何難即改似不足爲君子慮也。注主親也憚難也。正義曰主訓親者引申之義注意謂人當親近有德所謂勝己者也然下文復言無友不如己於意似重或未必然皇疏云以忠信爲百行所主是言忠信在己不在人其義較長周語云是以不主寬惠亦不主猛毅韋昭注主猶名也義可互證說文憚忌難也從心單聲一曰難也難就事言忌難謂人忌畏之詩雲漢箋憚猶畏也是也此注同許後義亦通

曾子曰愼終追遠民德歸厚矣注孔曰愼終者喪盡其哀追遠者祭盡其敬君能行此二者民化其德皆歸於厚也正義曰爾雅釋詁愼誠也說文愼謹也誠謹義同周官疾醫死終則各書其所以鄭注老死曰終禮記檀弓云君子曰終

小人曰死此對文異稱檀弓又云曾子曰喪三日而殯凡附於身者必誠必信勿之有悔焉耳矣三月而葬凡附於棺者必誠必信勿之有悔焉耳矣皆是言愼終之事追遠者說文追逐也詩鴛鴦箋遠猶久也並常訓言凡父祖已殁雖久遠當時追祭之也荀子禮論云故有天下者事十世有一國者事五世有五乘之地者事三世有三乘之地者事二世又周官司尊彝言四時閒祀有追享鄭康成注以爲祭遷廟之主則此文追遠不止以父母言矣民德歸厚者樂記云德者性之端也淮南子齊俗訓得其天性謂之德穀梁僖二十八年傳歸者歸其所也墨子經上厚有所大也當春秋時禮教衰微民多薄於其親故曾子諷在位者但能愼終追遠民自知感厲亦歸於厚也禮坊記云修宗廟敬祭祀教民追孝也又祭統云夫祭之爲物大矣其興物備矣順以備者也其教之本與是故君子之教也外則教之以尊其君長內則教之以孝於其親是故明君在上則諸臣服從崇事宗廟社稷則子孫順孝盡其道端其義而教生焉是故君子之教也必由其本順之至也祭其是與故曰祭者教之本也已。注愼終至厚也。正義曰祭統云是故孝子之事親也有三道焉生則養沒則喪喪畢則祭養則觀其順也喪則觀其哀也祭則觀其敬而

時也盡此三道者孝子之行也是與當盡哀祭當盡敬然此文愼終不止以盡哀言禮雜記云子貢問喪子曰敬爲上哀次之瘠爲下敬與謹同即此文所云愼也言君者以曾子言民德民是對君之稱蓋化民成俗必由在上者有以導之

子禽問於子貢曰夫子至於是邦也必聞其政求之與抑與之與注鄭曰子禽弟子陳亢也子貢弟子姓端木名賜亢怪孔子所至之邦必與聞其國政求而得之耶抑人君自願與之爲治**子貢曰夫子溫良恭儉讓以得之夫子之求之也其諸異乎人之求之與**注鄭曰言夫子行此五德而得之與人求之異明人君自與之正義曰問於子貢者說文問訊也釋文貢本亦作贛音同隸釋載漢石經論語殘碑凡子貢皆作子贛說文貢獻功也贛賜也子貢名賜字當作贛凡作貢皆是省

借作觳則謂體也夫子至於是邦者夫子即孔子夫者人所指名也子者孳也人之別稱也皇疏云禮身經爲大夫者得稱爲夫子孔子魯大夫故弟子呼爲夫子也必聞其政者字林至到也廣雅釋言是此也說文邦國也从邑丰聲周官大宰注大曰邦小曰國此對文若散言亦通稱也必聞其政者說文聞知聞也下篇云政者正也時人君有大政事皆就夫子諮度之故言必聞其政也求之與抑與之與者穀梁定元年傳求者請也抑者更端之辭漢石經抑與作意予案周語抑人故也賈子禮容語下作意人又詩十月之交抑此皇父鄭箋抑之言噫釋文引韓詩云抑意也則抑意音近義同故二文互用與猶言告也石經作予亦通用字下篇君孰與足漢書谷永傳作予足可證也溫良恭儉讓以得之者說文𥁕仁也溫水名義別經典悉叚溫爲𥁕爾雅釋訓溫溫柔也詩燕燕箋溫謂顏色和也下篇子溫而厲是溫指貌言說文云㫗善也今隸變爲良賈子道術篇安柔不苛謂之良良謂心之善也爾雅釋詁恭敬也說文恭肅也又儉約也易象傳君子以儉德辟難左襄十三年傳讓者禮之主也說文攘推也讓相責讓也凡謙讓揖讓字當作攘今經典亦假讓爲攘又說文彳部得行有所得也論衡知實篇引此文解之云溫良恭儉讓

尊行也有尊行於人人親附之則人告語之矣但其迹有似於求而得之故子貢就其求之之言以明其得聞之故明夫子得聞政是人君與之非夫子求之矣吳氏嘉賓論語說君所自擅者謂之政常不欲使人與聞之孔達臣乎溫良恭儉讓是誠於不干人之政也誠於不干人之政則[illegible][illegible]之國無有疑且忌焉者其親聖人如己之素所師保安[illegible]不以告焉今之人求以聞人之政不知其身且將不之保韓非說難是己夫子之求之也其諸異乎人之求之與者公羊桓六年傳其諸以病桓與何休注其諸辭也說文異分也夫子原不是求此假言即以夫子得之爲求亦與人異也宋石經避諱凡讓字作遜皇本作其諸異乎人之求之與也○注子禽至名賜○正義曰臧氏庸拜經日記史記弟子列傳有原亢籍無陳亢蓋原亢即陳亢也鄭注論語檀弓俱以陳亢爲孔子弟子當是名亢字籍一字子禽籍禽也故諱籍字禽否則亢言三見論語弟子書必無不載太史公亦斷無不録家語既有原抗字禽籍不當復有陳亢子禽矣明係王肅竄入原陳之所以不同何也蓋原氏出於陳陳原陳同氏也詩陳風東方之原毛傳原大夫氏春秋莊二十七年公子友如陳葬原仲則原亢之爲陳亢信矣漢書古今人表中中分陳亢陳子禽二人與晉

太師公明賈子服景伯林放陳司敗陽膚尼生高申棖師冕同列又以陳子亢隸下上與陳棄疾工尹商陽齊侖敖餓者同列分爲三人與申棖皆不以爲弟子此不足據案臧說是也檀弓陳子車死於衛其妻與其家大夫謀以殉葬定而后陳子亢至鄭注子車齊大夫子亢子車弟則亢亦齊人也弟子傳原亢籍少孔子四十歲又云端木賜衛人少孔子三十一歲皇疏本陳亢也句下有字子禽也四字名賜句下有字子貢也四字於文爲複當是皇所增

子曰父在觀其志父沒觀其行注孔曰父在子不得自專故觀其志而已父沒乃觀其行三年無改於父之道可謂孝矣注孔曰孝子在喪哀慕猶若父存無所改於父之道正義曰爾雅釋詁在存也說文同又觀諦視也穀梁隱五年傳常視曰視非常曰觀毛詩序在心爲志廣雅釋詁志意也說文歾終也𣨻歾或從昷今字作歿隸體小變沒沈也別一義蓋假借也禮坊記注行猶事也爾雅釋天夏曰歲商曰祀周曰年唐虞曰載郭注解周曰年云取禾一熟義本說文汪氏中釋三九曰三年者言其久也何以不改也爲

其爲道也若其非道雖朝死而夕改可也何以知其然也昔者鯀湮洪水汩陳其五行彝倫攸斁天乃不畀洪範九疇鯀則殛死禹乃嗣興彝倫攸敘天乃畀禹洪範九疇蔡叔啟商惎間王室其子蔡仲改行帥德周公以爲卿士見諸王而命之以蔡此改乎其父者也不寧惟是虞舜側微父頑母嚚象傲克諧以孝烝烝乂不格姦祗載見瞽瞍夔夔齊栗瞽瞍亦允若曾子曰君子之所謂孝者先意承志諭父母於道此父在而改於其子者也是非以不改爲孝也然則何以不改也爲其爲道也三年云者雖終其身可也自斯義不明而後章懷高堪之邪說出矣案汪說是也漢書五行志京房易傳曰幹父之蠱有子考亾咎子三年不改父道思慕不皇亦重見先人之非南史蔡廓子興宗傳先是大明世奢侈無度多所造立賦調繁嚴徵役過苦至是發詔悉皆削除自孝建以來至大明末凡諸制度無或存者興宗慨然曰先帝雖非盛德要以道始終三年無改古典所貴二史所言皆以無改爲孝不復計及非道則自漢以來多不知此義矣禮坊記子云君子弛其親之過而敬其美論語曰三年無改於其父之道可謂孝矣弛過敬美正是擇善而從卽夫子論孟莊子之孝不改父臣與改爲難能亦是因獻子之臣與政本不須改而莊子能繼

父業所以爲孝若父之道有所未善而相承不變世濟其惡又安足貴乎可者深許之辭說文可肯也○注父在至其行○正義曰鄭注云孝子父在無所自專庶幾於其善道而已此僞孔所襲韓詩外傳孔子曰昔者周公事文王行無專制事無由己可謂子矣是父在子不得自專也庶幾於其善道謂但觀其志有善道無行事可見也朱子或問引范祖禹說以人子於父在時觀父之志而承順之父沒則觀父之行而繼述之與鄭孔注義異錢氏大昕潛研堂文集極取范說曰孔子之言論孝乎論觀人乎以經文可謂孝矣證之其爲論孝不論觀人夫人而知之也旣曰論孝則以爲觀父之志行是也不論觀人則以爲觀人子之志行非也子之不孝者好貨財私妻子父母之養且不顧安能觀其志朝死而夕忘之安能觀其行禮曰視於無形聽於無聲觀其志之謂也又曰善繼人之志善述人之事觀其行之謂也孟子論事親爲大以曾元之賢僅得謂之養口體則孔子之所謂養其志者惟曾子之養志足以當之如是而以孝許之奚不可乎案范說亦通但論孝即是觀人旣觀其行而加三年無改於父之道故以孝許之兼孔義本不誤故仍主鄭孔而以范說附之○注孝子至之道○正義曰注以三年是居喪之期故云在喪也宋氏

翔鳳發微說按七略春秋經十一卷出今文家繁閔公篇於莊公下博士傳其其說曰子未三年無改於父之道傳曰則曷爲於其封內三年稱子緣孝子之心則三年不忍當也又漢書師丹傳丹上書言古者諒闇不言聽於冢宰三年無改於父之道皆以三年就居喪言與此注同哀慕猶若父存無所改於父之道者謂人子居喪猶若父存時已仍人子若曲禮言居喪之禮升降不由阼階出入不當門隧皆若父存不敢遽當室也此說於義似通然居喪不敢改父之道喪終自仍宜改改與不改皆是恒禮奚足以見人子之孝故知此注尚未然也

有子曰禮之用和爲貴先王之道斯爲美小大由之有所不行知和而和不以禮節之亦不可行也注馬曰人知禮貴和而每事從和不以禮爲節亦不可行正義曰禮祭義云禮者履此者也管子心術篇登降揖讓貴賤有等親疏有體謂之禮方言用行也說文用可施行也禮主於讓故以和爲用燕義云和寍禮之用也是也說文龢調也讀與咊同盉味也和相應也三義略近今經傳通作和賈子道術篇剛柔得道謂之

和反和爲乖韋昭晉語注貴重也高誘呂氏春秋尊師注貴尚也和是禮中所有故行禮以和爲貴皇邢疏以和爲樂非也樂記云禮勝則離鄭注離謂析居不和也又易繫辭傳履以和行虞翻注禮之用和爲貴故以和行和是言禮非謂樂審矣論衡四諱篇死亡謂之先爾雅釋詁王君也戴氏望論語注云先王謂聖人爲天子制禮者也詩殷其靁傳斯此也周官大司徒注美善也並常訓禮有威儀文物故以美言之小大指人言下篇君子無小大詩泮水無小無大從公于邁皆以小大指人之證爾雅釋詁由自也自與從同史記禮書云君臣朝廷尊卑貴賤之序下及黎庶車輿衣服宮室飲食嫁娶喪祭之分事有宜適物有節文是言人小大皆有禮也有所不行者謂人但循禮不知用和故不可行所謂禮勝則離者也檀弓云品節斯之謂禮皇疏云人若知禮用和而每事從和不復用禮爲節者則於事亦不得行也所以言亦者沈居士云上純用禮不行今皆用和亦不可行也案有子此章之旨所以發明夫子中庸之義也說文庸用也凡事所可常用故庸又訓常鄭君中庸目錄云名曰中庸者以其記中和之爲用也注君子中庸云庸常也用中爲常道也兩義自爲引申堯咨舜舜咨禹云允執其中孟子言湯執中執中即用中也

舜執兩端用其中於民用中即中庸之例文周官大司樂言六德中和祗庸孝友言中和又言庸夫子本之故言中庸之德子思本之乃作中庸而有子於此章已明言之其謂以禮節之者禮貴得中知所節則知所中中庸云和而不流強哉矯中立而不倚強哉矯和而不流則禮以節之也則禮之中也中庸皆所以行禮故禮篇載之逸周書度訓和非中不立中非禮不慎禮非樂不履樂謂和樂即此義也漢石經亦不行也不下無可字

有子曰信近於義言可復也【注】復猶覆也義不必信信非義也以其言可反覆故曰近義恭近於禮遠恥辱也【注】恭不合禮非禮也以其能遠恥辱故曰近禮也因不失其親亦可宗也【注】孔曰因親也言所親不失其親亦可宗敬

正義曰信近於義言可復者說文近附也誼人所宜也義己之威儀也二字義別今經傳通作義禮中庸記云義者宜也表記云義者天下之制也言制之以合宜也孟子離婁篇云大人者言不必信唯義所在是信須視義而行之故此言近

於義也鄭注云復覆也言語之信可反覆案復覆古今語爾雅釋言復返也返與反同說文復往來也往來即反覆之義人初言之其信能近於義故其後可反覆言之也曾子立事篇云久而復之可以知其信矣又云言之必思復之思復之必思無悔言亦可謂慎矣思無悔言亦謂以義裁之否則但守硜硜之信而未合於義人將不直吾言吾雖欲復之不得也恭近於禮遠恥辱者廣雅釋詁遠離也說文恥辱也辱恥也表記云恭以遠恥亦謂恭近於禮以行之也否則雖恭敬於人不能中禮或爲人所輕侮而不免恥辱下篇云恭而無禮則勞亦此意也皇本宗下有敬字○注義不至近義○正義曰邢疏云義不必信者若春秋晉士匄帥師侵齊聞齊侯卒乃還春秋善之是合宜不必守信也云信非義也者史記尾生與女子期於梁下女子不來水至不去抱柱而死是雖守信而非義也案注以近義是由復言後觀之蓋知其人言可反覆曉其近於義也下注以其能遠恥辱故曰近禮義同○注因親至宗敬○正義曰詩皇矣因心則友傳因親也此文上言因下言親變文成義說文宗尊祖廟也宗有尊訓此言宗敬者引中之義曾子立事云觀其所愛親可以知其人矣謂觀其所親愛之是非則知其人之賢不肖若所親不失其親則

此人之賢可知故亦可宗敬也杜氏復擧經義詮解此注云詩皇矣正義曰周禮六行其四曰姻注姻親於外親是姻得爲親據此則因即姻省文野客叢書引南史王元規曰姻不失親古人所重豈得輒昏非類張說之碑亦云姻不失親官復其舊又徐鍇說文通論禮曰姻不失其親故文內女爲妻邢皇二疏俱失孔恉今案孔注因親是通言人交接之事其作姻者自由後世所見本不同然略姻之義於注本得兼之皇邢疏依注爲訓未爲失恉

子曰君子食無求飽居無求安【注】鄭曰學者之志有所不暇敏於事而慎於言就有道而正焉可謂好學也已【注】孔曰敏疾也有道有道德者正謂問其是非【正】義曰此章言君子當安貧力學也食無求飽者禮記曲禮注食飯屬也說文飽猒也猒者足也禮記禮器云有以少爲貴者天子一食諸侯再大夫士三庶人食力無數注一食再食三食謂告飽也食力謂工商農也又公食大夫禮賓三飯以湆醬注三飯而止君子食不求飽彼言禮食之事君子不當求飽故此言家貧者食無求飽爲君子也居無求安者說文尻處也從尸几尸

得几而安也居踞也二字義別今經傳皆叚居爲凥而雅釋詁安定止也無求飽無求安若顏子一簞食一瓢飲在陋巷不改其樂者也就有道而正焉者學記就賢體遠注就謂躬下之荀子性惡篇夫人雖有性質美而心辯知必將求賢師而事之擇良友而友之得賢師而事之則所聞者堯舜禹湯之道也得良友而友之則所見者忠信敬讓之行也身日進於仁義而不自知也者靡使然也焉也已助語之辭漢石經也已作已矣皇本作也已矣○注敏疾至是非○正義曰說文敏疾也敏於事謂疾勤於事不懈倦也下篇訥於言而敏於行訓同焦氏循論語補疏敏審也謂審當於事也聖人教人固不專以疾速爲重案焦說與孔注義相輔聞斯行之夫子以教冉有是亦貴疾速可知說文正是也周官冢司馬各使其臣以正於公司馬注正猶聽也邢疏言學業有所未覺當就有道德之人正定其是之與非易文言曰問以辨之也

子貢曰貧而無諂富而無驕何如子曰可也注孔曰未足多未若貧而樂富而好禮者也注鄭曰樂謂志於道不以貧

爲憂苦正義曰皇本子貢下有問字說文貧財分少也又諂諛也諂諛或從召皇疏引范甯曰不以正道求人爲諂也說文富備也一曰厚也人財多當無不備也驕者馬高六尺之名人自高大故亦稱驕皇疏富厚者既得人所求好生陵慢是爲驕也何如者何似也未若猶言未儀禮有司徹注今文若爲如是二字義同皇本高麗本利本並作樂道唐石經道字旁注陳氏鱣論語古訓云鄭注本無道字集解彙采古論下引孔曰能貧而樂道是孔注古論本有道字史記所載語亦是古論仲尼弟子傳引不如貧而樂道正與孔合文選幽憤詩樂道閒居注引論語子曰貧而樂道是集解本有道字今各本脫去鄭據本魯論故無道字今案作樂道自是古論漢書王莽傳後漢書東平王蒼傳注引並無道字與鄭本同下篇回也不改其樂樂亦在其中矣皆不言樂道而義自可通故鄭不從古以校魯也至孔注是後人僞撰陳君援孔注以說史記稍誤坊記子云貧而好樂富而好禮衆而以寧者天下其幾矣是樂道好禮爲人所難能故無諂無驕者不能及之也○注樂謂志於道不以貧爲憂苦○正義曰鄭以樂即樂道與古論同呂氏春秋慎大覽古之得道者窮亦樂達亦樂所樂非窮達也道得於此則窮達一也如寒暑

風雨之節矣子貢曰詩云如切如磋如琢如磨其斯之謂與(注)孔曰能貧而樂道富而好禮者能自切磋琢磨子曰賜也始可與言詩已矣告諸往而知來者(注)孔曰諸之也子貢知引詩以成孔子義善取類故然之往告之以貧而樂道來答以切磋琢磨

正義曰詩云者毛詩序云詩者志之所之也在心爲志發言爲詩書微子馬注云言也如切如磋如琢如磨者衛詩淇澳篇文說文切刌也琢治玉也磋謂治象差次之使其平滑也磨釋文作摩云一本作磨說文礦礱也礦也意摩磨即礦之異體鄭此注云切磋琢磨以成寶器寶者貴也爾雅釋器骨謂之切象謂之磋玉謂之琢石謂之磨郭注皆治器之名謂治骨象玉石以成器也又釋訓云如切如磋道學也如琢如磨自修也此本禮記大學篇文先從叔丹徒君論語駢枝據爾雅釋此文云蓋無諂無驕者生質之美樂道好禮者學問之功夫子言十室之邑必有忠信不如丘之好學而七十子之徒獨稱顏淵爲好學顏淵而下穎悟莫若子貢故

夫子進之以此然語意渾融引而不發子貢能識此意而引詩以證明之所以爲告往知來謹案毛詩傳云道其學而成也聽其規諫以自修如玉石之見琢磨也又荀子大略云人之於文學也猶玉之於琢磨也詩曰如切如磋如琢如磨謂學問也並同爾雅之義告者廣雅釋詁告教也來猶言前後也子貢聞一知二故能告往知來皇本謂下來者下均有也字。注往告之以貧而樂道。正義曰此句下當有富而好禮句

子曰不患人之不己知患不知人也。正義曰說文患憂也人不己知己無所失無可患也己不知人則於人之賢者不能親之用之人之不賢者不能遠之退之所失甚巨故當患呂氏春秋論人篇人同類而智殊賢不肖異皆巧言辯辭以自防禦此不肖主之所以亂也是言不知人之當患也皇本作不患人之不己知也患己不知人也高麗足利本亦作患己不知人也釋文云患不知也本或作患己不知人也俗本妄加字今本患不知人也臧氏琳經義雜記古本作患不知也與里仁不患莫己知求爲可知也語意同人字淺人所加案皇本有王注云但患己之無能知也己無能知即未有知之義則皇本人字爲俗妄加無疑

餘姚朱衍緒校刊